Johannes Thüne

Die Sündenlehre Johanns von Staupitz am Beispiel der Leiblichkeit

Johannes Thüne

Die Sündenlehre Johanns von Staupitz am Beispiel der Leiblichkeit

Fromm Verlag

Cover image: www.ingimage.com

Publisher:
Fromm Verlag
is a trademark of
International Book Market Service Ltd., member of OmniScriptum Publishing Group
17 Meldrum Street, Beau Bassin 71504, Mauritius

Printed at: see last page
ISBN: 978-613-8-35951-7

Inhaltsverzeichnis

1. Einleitung **S. 1–3**

1.1. Die Fragestellung und der Aufbau der Arbeit S. 1–2

1.2. Quellen- und Literaturbericht S. 3

2. Grundlagen **S. 4–25**

2.1. Sündenlehre(n) S. 4–7

2.2. Der Leib in verschiedenen Sündenkonzepten S. 8–11

2.3. Biographische Skizze Johanns von Staupitz S. 12–17

2.4. Klärung zentraler Quellenbegriffe S. 17–22

2.5. Theologische Kontextualisierung S. 23–25

3. Theologie Johanns von Staupitz **S. 26–38**

3.1. Theologie Johanns von Staupitz S. 26–29

3.2. Verortung der Sündenlehre in der Theologie des Staupitz S. 29–30

3.3. Die Sündenlehre S. 30–35

3.4. Die Ursünde S. 36–37

3.5. Zur Leiblichkeit in der Theologie des Staupitz S. 37–38

4. Schlusszusammenfassung **S. 39–40**

5. Anhang **S. 42–43**

Schema der Theologie Johanns von Staupitz

6. Quellen- und Literaturverzeichnis **S. 44–52**

6.1. Quellenverzeichnis S. 44

6.2. Literaturverzeichnis S. 45–52

1. Einleitung

1.1. Die Fragestellung und der Aufbau der Arbeit

„Die schuld der unreinikeit besteet nit in antastung des leibs, sunder in verkehrung der ordnung, darumb das die zeitlichen wollust fürgesetzt werden den ewigen.“[1] – dies predigte Johann von STAUPITZ im Advent 1516 in Nürnberg[2]. Dieser Textauszug ist eine Art Schlüsselstelle für meine Untersuchung, deren Ziel eine systematische Herausarbeitung der Sündenlehre (oder Hamartiologie) des *Libellus de exsecutione aeternae praedestinationis* von STAUPITZ ist. Einen besonderen Fokus lege ich dabei auf die Leiblichkeit.

Zunächst werde ich einen kurzen Bericht über die verwendeten Quellen und die Forschungsliteratur geben, bevor ich auf den Begriff der Sünde eingehe, sowie auf die Sündenlehren (einschließlich der Lehren über die Erbsünde) im katholisch-christlichen Gebiet bis einschließlich dem sich im 16. Jahrhundert herausbildenden Neuen Glauben. Daran anschließend werde ich auf den Leib in verschiedenen Sündenkonzepten bis zur Reformation eingehen. Nach diesen sündentheologischen Grundlagen folgt eine Biographische Skizze zum Leben Johanns von Staupitz. Daran schließt sich ein Kapitel über die Klärung zentraler Quellenbegriffe an und ein Abschnitt zur theologischen Kontextualisierung.

Nach diesen Grundlagen der Arbeit folgt die Untersuchung der Theologie Johanns von Staupitz. Dabei werde ich zunächst einen Überblick über seine Gesamttheologie geben (ein von mir erstelltes Schema dazu findet sich im Anhang[3]),

---

[1] Johann von STAUPITZ, *Libellus de exsecutione aeternae praedestinationis hg. von Lothar Graf zu Dohna und Richard Wetzel mit der Übertragung von Christoph Scheuerl Ein nutzbarliches büchlein von der entlichen volziehung ewiger fürsehung hg. von Lothar Graf zu Dohna und Albrecht Endriss*, Berlin, New York 1979 (Spätmittelalter und Reformation. Texte und Untersuchungen, Bd. 14, Johann von Staupitz. Sämtliche Schriften. Abhandlungen, Predigten, Zeugnisse, Lateinische Schriften II), § 114.

[2] Hinweisen möchte ich an dieser Stelle darauf, dass STAUPITZ die Predigten auf Deutsch hielt, sie wahrscheinlich kurz nach ihrem Vortrag in eine lateinische Fassung brachte, die von Scheuerl wiederum ins Deutsche übersetzt wurde. Vgl. Ebd. S. 25. Überliefert sind uns die Lateinische Fassung und Scheuerls Übersetzung ins Frühneuhochdeutsche, die ich oben zitierte.

[3] Vgl. den Anhang dieser Arbeit S. 42f.

um anschließend seine Sündenlehre innerhalb dessen zu verorten. Die eigentliche Quellenanalyse folgt im Kapitel über die Sündenlehre. Daran anschließend folgen noch Abschnitte über die Ursünde und die Leiblichkeit in der Theologie des Staupitz.

Abschließend werde ich die zentralen Punkte meiner Untersuchung zusammenfassen. Hinweisen möchte ich vorab noch darauf, dass die Untersuchung mit dem Ziel einer systematischen Herausarbeitung mir zwischendurch einiges an Kopfzerbrechen bereitet hat, da ich im Zuge der Arbeit feststellen musste, dass eine Systematik nicht das primäre Ziel Johanns von Staupitz und seiner seelsorgerlichen Theologie (und den entsprechenden Quellen) war. Insbesondere WRIEDT hat auf die Gefahr einer systematischen Überstrapazierung aufmerksam gemacht. Daher habe ich beschlossen den Quellenkorpus allein auf die Predigtsammlung des *Libellus* zu beschränken, da einer einzelnen Schrift bzw. einer zusammenhängenden Predigtreihe eine gewisse Systematik zugrunde liegt. So bin ich froh, dass sogar WRIEDT, dessen Dissertation eine wichtige (und wie ich finde sehr gelungene) Literatur für meine Arbeit darstellt, der dort aber wie gesagt auch vor einer systematischen Überstrapazierung warnt, formuliert: „Andererseits [ver-]weist die straffe Gliederung auf ein gewisses systematisches Interesse und Niveau, welches bei Staupitz zweifellos vorhanden ist.“[4] Und in Bezug auf die Übersetzung der Predigt ins Lateinische formuliert er, dass dies das systematische Gepräge sicherlich verstärkt habe[5]. So ist das methodische Problem doch nicht so groß, wie ich es teilweise während der Arbeitsphase annahm. Dennoch werde ich dies in der Arbeit reflektieren.

[4] Markus WRIEDT, *Gnade und Erwählung. Eine Untersuchung zu Johann von Staupitz und Martin Luther*, Mainz 1991 (Veröffentlichungen des Instituts für Europäische Geschichte Mainz, Bd. 141: Abteilung Religionsgeschichte), S. 28.

[5] Vgl. Ebd. S. 28. Auch Helga PENZ formulierte auf der Tagung *Staupitz, Luther und Salzburg in den Jahren 1517–1524*, dass sich Staupitz Theologie aus seinen Predigten ableiten lasse.

1.2. Quellen- und Literaturbericht

Wie bereits in der Einleitung erwähnt steht im Zentrum der Arbeit die nachträglich verschriftlichte Predigtsammlung Johanns von Staupitz aus dem Advent 1516 in Nürnberg. Diese liegt in einer kritischen Edition vor, die die Grundlage meiner Untersuchung bildet. Ausführlicher auf die Quelle werde ich im Kapitel 3.3. eingehen. Die anderen Quellen im Quellenverzeichnis dienen als Belege und wurden von mir keiner ausführlichen Analyse unterzogen.

Die verwendete Forschungsliteratur ist recht umfassend, da die Grundlagen der Arbeit einen kurzen Abriss über Sündenkonzepte und Theologiegeschichte von Augustinus bis in das 16. Jahrhundert erforderten. Einen kompakten, guten Überblick über einen Ausschnitt der Theologiegeschichte zur Sündenlehre bietet der Artikel von Volker LEPPIN, *Aristotelisierung, Immediatisierung und Radikalisierung. Transformationen der Sündenlehre von Thomas von Aquin bis Martin Luther* aus dem Jahr 2008. Besonders hervorheben aus der Literatur zu Staupitz möchte ich die bereits erwähnte Dissertation von Markus WRIEDT, *Gnade und Erwählung. Eine Untersuchung zu Johann von Staupitz und Martin Luther*, im Druck erschienen 1991 und aus der jüngeren Forschungsliteratur Daniela BLUM, *Der katholische Luther. Begegnungen – Prägungen – Rezeptionen* aus dem Jahr 2016, indem ein extra Abschnitt zu Staupitz enthalten ist.

2. Grundlagen

2.1. Sündenlehre(n)

„Als Vergehen gegen Gott wird das ethisch schlechte Handeln gegenüber den Mitmenschen nicht nur Schuld, sondern auch Sünde genannt“[6].

Zentral für die Untersuchung einer Sündenlehre ist zunächst einmal der Begriff der Sünde. Seinem Wesen[7] nach ist Sünde eine Abkehr von Gott durch den Menschen – eine *aversio a deo*[8]. Der zentrale Verweis auf Gott macht den theologischen Charakter der Sünde deutlich – in diesem Sinne bezeichnet ERNST die Sünde in einer Kapitelüberschrift als „[e]thische Schuld unter theologischem Vorzeichen“[9]. Zu unterscheiden ist zwischen einer Sündigkeit (gemeint ist hiermit die schuldhafte

---

[6] Stephan ERNST, *Grundlagen theologischer Ethik. Eine Einführung*, München 2009, S. 280.

[7] Wesen (lat. essentia) „ist nach der Definition des Thomas das, wodurch ein Seiendes sein Sein hat (De ente c. 1).“ Volker LEPPIN, *Thomas von Aquin*, Münster 2009 (Zugänge zum Denken des Mittelalters, Bd. 5), S. 34. Die Verwirklichung des Wesens (die Substanz) umfasst nach THOMAS von Aquin Form bzw. Gestalt (lat. forma) und Materie bzw. Urstoff (lat. materia). Vgl. Ebd. S. 43.

[8] Vgl. Ralf DZIEWAS, *Die Sünde des Menschen und die Sündhaftigkeit sozialer Systeme. Überlegungen zu den Bedingungen und Möglichkeiten theologischer Rede von Sünde aus sozialtheologischer Perspektive*, Münster, Hamburg 1995 (Entwürfe. Schriften des Instituts für Christliche Gesellschaftswissenschaften der Westfälischen Wilhelms-Universität Münster, Bd. 2), S. 23; Gunda SCHNEIDER-FLUME, Art. *„Sünde. Dogmatisch“*, in: Erwin Fahlbusch u.a. (Hgg.), Evangelisches Kirchenlexikon. Internationale theologische Enzyklopädie, Bd. 4, Göttingen [3]1996, Sp. 568; Herbert VORGRIMLER, Art. *„Sünde“*, in: ders. (Hg.), Neues Theologisches Wörterbuch, Freiburg, Basel, Wien 2000, S. 599; Christine AXT-PISCALAR, Art. *„Sünde VII. Reformation und Neuzeit“*, in: Gerhard Müller (Hg.), TRE, Bd. 22, Berlin, New York 2001, S. 401; Wolf KRÖTKE, Art. *„Sünde/Schuld und Vergebung. Begrifflichkeit“*, in: Hans Dieter Betz u.a. (Hgg.), RGG, Bd. 7, Tübingen [4]2004, Sp. 1867; Volker LEPPIN, *Aristotelisierung, Immediatisierung und Radikalisierung. Transformationen der Sündenlehre von Thomas von Aquin bis Martin Luther*, in: Wilfried Härle, Reiner Preul (Hgg.), Sünde, Leipzig 2008 (Marburger Theologische Studien 105; Marburger Jahrbuch Theologie 20), S. 69; ERNST, *Grundlagen theologischer* Ethik, S. 279f; Erwin DISCHERL, Art. *„Erbsünde“,* in: Wolfgang Beinert, Bertram Stubenrauch (Hgg.), Neues Lexikon der katholischen Dogmatik, Freiburg, Basel, Wien 2012, S. 174f; Erwin DISCHERL, Art. *„Sünde und Schuld“*, in: Wolfgang Beinert, Bertram Stubenrauch (Hgg.), Neues Lexikon der katholischen Dogmatik, Freiburg, Basel, Wien 2012, S. 612; Gunther WENZ, *Sünde. Hamartiologische Fallstudien*, Göttingen 2013, S. 22.

[9] ERNST, *Grundlagen theologischer Ethik*, S. 279. – Ich würde – noch etwas allgemeiner als ERNST – formulieren, dass Sünde Schuld unter theologischem Vorzeichen ist. Zur Einengung des Begriffs im Hinblick auf ein ausschließlich moralisches Verständnis Vgl. auch AXT-PISCALAR, *Sünde*, S. 400; KRÖTKE, *Sünde/Schuld und Vergebung*, Sp. 1868. Zum theologischen Charakter des Sündenbegriffes Vgl. auch DZIEWAS, *Die Sünde der Menschen*, S. 26; VORGRIMLER, *Sünde*, S. 598; WENZ, *Sünde. Hamartiologische Fallstudien*, S. 22.

Realität der Erbsünde) – die den Menschen als ganzen erfasst – und den aus ihr folgenden, einzelnen Tatsünden[10].

In diesem Kontext möchte ich auf die Erbsünde eingehen: Die Lehre von der Erbsünde geht auf AUGUSTINUS zurück, auch wenn es bereits gedankliche Vorläufer gibt[11]. Ausgangspunkt der Erbsünde ist die zweite Schöpfungserzählung, die jedoch in der katholischen Theologiegeschichte bis zum II. Vaticanum nicht als Erzählung wahrgenommen wurde, sondern als historischer Bericht, der im Sinne des Monogenismus davon ausging, dass die Menschheit von einem einzigen Elternpaar abstamme[12]. In diesem Sinne verstand die klassische Theologie die Erbsünde wie folgt: Der „‘erste Mensch‘ (Adam mit Eva) [beging] eine persönliche Sünde [...], die Ursünde (lat. ‚peccatum originale originans‘), deren Unheilsfolgen auf die Menschheit übergingen (lat. ‚peccatum originale originatum‘).“[13] Das bedeutet, dass alle Menschen unter der Erbsünde stehen[14], da sie durch Fortpflanzung (lat. propagatione) und nicht durch Nachahmung (lat. imitatione) übertragen werde[15]. Für AUGUSTINUS geschieht die Weitergabe durch die sexuelle Begierde, die er als negativ ansieht[16]. „Die augustinische Erbsündenlehre wurde in den Synoden von Karthago (418) und Orange (529) übernommen, jedoch ohne die negative Bewertung des Zeugungsaktes. In dieser

---

[10] Vgl. SCHNEIDER-FLUME, *Sünde. Dogmatisch*, Sp. 569; AXT-PISCALAR, *Sünde*, S. 400–402; Vgl. KRÖTKE, *Sünde/Schuld und Vergebung*, Sp. 1868; WENZ, *Sünde. Hamartiologische Fallstudien*, S. 22.

[11] Vgl. Helmut HOPING, Art. *„Erbsünde. Historisch-theologisch“*, in: Walter Kasper u.a. (Hgg.), LThK, Bd. 3, Freiburg u.a. ³1995, Sp. 744f; SCHNEIDER-FLUME, *Sünde. Dogmatisch*, Sp. 568; Herbert VORGRIMLER, Art. *„Erbsünde“*, in: ders. (Hg.), Neues Theologisches Wörterbuch, Freiburg, Basel, Wien 2000, S. 158; DISCHERL, *Erbsünde*, S. 173. Zum Begriff der Erbsünde: Vgl. Tom KLEFFMANN, *Die Erbsündenlehre in sprachtheologischem Horizont. Eine Interpretation Augustins, Luthers und Hamanns*, Tübingen 1994 (Beiträge zur historischen Theologie, Bd. 86), S. 26–32.

[12] Vgl. DISCHERL, *Erbsünde*, S. 175.

[13] VORGRIMLER, *Erbsünde*, S. 157.

[14] Nach katholischem Verständnis mit Ausnahme von Maria, der Mutter Gottes (durch die unbefleckte Empfängnis) und ihrem Sohn Jesus. Diese grundsätzlich negativere Sichtweise auf den Menschen findet auch Ausdruck in zeitgenössischen Quellen, wie beispielsweise dem „Spiegel des Sünders“: „der mensch vil mer zů dem übel dañ zů der gůtheit genaigt ist.“ *Spiegel des Sünders*, Augsburg 1482 (Drucker. Johann Schönsperger), S. 5v.

[15] Vgl. HOPING, *Erbsünde. Historisch-theologisch*, Sp. 746; VORGRIMLER, *Erbsünde*, S. 158; Helmut HOPING, Art. *„Erbsünde“*, in: Klaus Ganzer, Bruno Steimer (Hgg.), Lexikon der Reformationszeit, Freiburg, Basel, Wien 2002, Sp. 226; DISCHERL, *Erbsünde*, S. 175.

[16] Vgl. VORGRIMLER, *Erbsünde*, S. 158; DISCHERL weist in diesem Zusammenhang explizit auf „leibfeindliche Tendenzen“ in AUGUSTINS Verständnis (zum Ende seines Lebens) hin. Vgl. DISCHERL, *Erbsünde*, S. 174.

Rezeption prägte sie fortan die westliche Theologie und Kirchenlehre."[17] Wie die Sünde, so wird auch die Erbsünde vom Aquinaten ihrem Wesen nach als Abkehr von Gott verstanden[18]. Die Gestalt der Erbsünde besteht für ihn in der Abkehr des Geistes von Gott bzw. dem Fehlen der ursprünglichen Gerechtigkeit – ihren Inhalt bzw. ihre Materie sieht er in der Begierde (lat. concupiscentia), ihre Form im Fehlen der Urstandsgerechtigkeit[19]. In Bezug auf die Konkupiszenz gibt es unterschiedliche Auffassungen zwischen den sich im 16. Jahrhundert herausbildenden Lutheranern und den Altgläubigen (den Katholiken), für Letztere formuliert durch das Konzil von Trient. Während die Konkupiszenz in der Theologiegeschichte bis zur Reformation immer mehr mit der Sinnlichkeit identifiziert wurde[20], wird diese Engführung im Kontext der Reformatoren als verkehrte Richtung des Herzens gegen Gott verstanden[21]. In lutherischer Sicht ist die Konkupiszenz selbst Sünde[22] und wird als eine Bestimmung der Erbsünde herausgestellt[23]. Nach reformatorischer Auffassung „wird durch die Taufe die Erbsünde selber nicht getilgt, sondern deren Schuld von Gott nicht zugerechnet."[24] Das Konzil von Trient hingegen sieht „die Konkupiszenz als Folge der Erbsünde, nicht als (persönliche) Sünde"[25]. Die Schuld der Erbsünde wird

[17] Peter NEUNER, Art. *„Sünde (katholisch)"*, in: Bertram Stubenrauch, Andrej Lorgus (Hgg.), Handwörterbuch zur theologischen Anthropologie. Römisch-katholisch / Russisch-orthodox. Eine Gegenüberstellung, Freiburg, Basel, Wien 2012, S. 523f.

[18] Vgl. DISCHERL, *Erbsünde*, S. 175.

[19] Vgl. HOPING, *Erbsünde. Historisch-theologisch*, Sp. 745; SCHNEIDER-FLUME, *Sünde. Dogmatisch*, Sp. 569; DISCHERL, *Erbsünde*, S. 175. Für Martin Luther hingegen besteht das Wesen der Erbsünde in der Begierde (concupiscentia). Vgl. VORGRIMLER, *Erbsünde*, S. 158.

[20] Vgl. Eberhard SCHOCKENHOFF, Art. *„Konkupiszenz"*, in: Walter Kasper, Konrad Baumgartner, Horst Bürkle, Klaus Ganzer, Karl Kertelge, Wilhelm Korff, Peter Walter (Hgg.), LThK, Bd. 6, Freiburg u.a. ³1997, Sp. 273.

[21] Vgl. SCHNEIDER-FLUME, *Sünde. Dogmatisch*, Sp. 569.

[22] Anschaulich wird dies bei einem Blick in theologische Lexika: Während das „Lexikon für Theologie und Kirche" als (das) kath. Lexikon den Begriff der Erbsünde als eigenen Artikel führt, verweist das evangelische Kirchenlexikon unter dem Stichwort „Erbsünde" lediglich auf das Stichwort „Sünde". Auch die Theologische Realenzyklopädie, die sich in der Tradition der „Realenzyklopädie für protestantische Theologie und Kirche" sieht, verweist unter dem Stichwort „Erbsünde" lediglich auf den Artikel zur „Sünde". Vgl. HOPING, *Erbsünde. Historisch-theologisch*, Sp. 744–746; Art. *„Erbsünde"*, in: Erwin Fahlbusch u.a. (Hgg.), Evangelisches Kirchenlexikon. Internationale theologische Enzyklopädie, Bd. 1, Göttingen 1986, Sp. 1065; Art. *„Erbsünde"*, in: Gerhard Krause, Gerhard Müller (Hgg.), TRE, Bd. 10, Berlin, New York 1982, S. 83.

[23] Vgl. SCHOCKENHOFF, *Konkupiszenz*, Sp. 273. Die Konkupiszenz wird formell mit der Erbsünde identifiziert. Vgl. Eberhard SCHOCKENHOFF, Art. *„Erbsünde"*, in: Klaus Ganzer, Bruno Steimer (Hgg.), Lexikon der Reformationszeit, Freiburg, Basel, Wien 2002, Sp. 225.

[24] AXT-PISCALAR, *Sünde*, S. 402.

[25] Vgl. Dorothea SATTLER, Art. *„Taufe"*, in: Wolfgang Beinert, Bertram Stubenrauch (Hgg.), Neues Lexikon der katholischen Dogmatik, Freiburg, Basel, Wien 2012, S. 623.

nach katholischem Verständnis durch die Taufe getilgt, auch wenn die Begierde (die zur Sünde führt, aber selbst keine Sünde ist) bleibt[26].

Wie bereits erwähnt, wurde die Konkupiszenz in der Theologiegeschichte bis zur Reformation immer mehr mit der Sinnlichkeit identifiziert[27]. Eine ähnliche Entwicklung ist auch in Bezug auf das Sündenverständnis zu erkennen: So rückte etwa in der Zeit um 500 bis ins 12. Jahrhundert ein Sündenverständnis der Tatsünden ins Zentrum, die Sünde als überindividuelle Macht verlor dagegen an Bedeutung[28]. Im 12. Jahrhundert änderte sich der Fokus: Sünde wurde nun von der inneren Beteiligung her verstanden, den Intentionen, den Empfindungen[29]. Die Aussage, dass ein bestimmtes Sündenverständnis ins Zentrum rückte, macht überdies auf folgenden Umstand aufmerksam: Es existiert und existierte eine Vielfalt des Redens von der Sünde[30]. Dogmatisch lässt sich diese Vielfalt unterschiedlich verankern: Erstens „als Gegenstand der Lehre von Schöpfung und Fall, zweitens im Zusammenhang der Anthropologie und drittens im Rahmen der Soteriologie."[31] Neben den dogmatischen Verankerungen verweist DZIEWAS auch auf vier unterschiedliche erfahrungsbezogene Aspekte des Sündenthemas[32]. Er macht darauf aufmerksam, dass Verbindungen zwischen den verschiedenen Ansätzen bestehen können – der gewählte Zugang zur Thematik aber offengelegt werden muss für eine „theologische Rede von Sünde, die klar und eindeutig sein will"[33].

---

[26] Vgl. SCHNEIDER-FLUME, *Sünde. Dogmatisch*, Sp. 569; VORGRIMLER, *Erbsünde*, S. 158; HOPING, Erbsünde, Sp. 226.
[27] Vgl. Fußnote 20.
[28] Vgl. Berndt HAMM, *Der frühe Luther. Etappen reformatorischer Neuorientierung*, Tübingen 2010, S. 1f; NEUNER, *Sünde (katholisch)*, S. 524.
[29] Vgl. HAMM, *Der frühe Luther*, S. 6f.
[30] DZIEWAS, *Die Sünde der Menschen*, S. 21f.
[31] Vgl. Ebd. S. 22.
[32] Als Formen des Erfahrungsbezugs der theologischen Rede von Sünde benennt DZIEWAS (1) die moralische Rede, (2) den Versuch, die Vorstellung eines liebenden Gottes mit Leiderfahrungen zu vereinbaren, (3) identitätstheoretische Reflexionen der Schuldproblematik und (4) eine Deutung der gesellschaftlichen Situation der Menschen über den Sündenbegriff. Vgl. Ebd. S. 26–32.
[33] Ebd. S. 32.

2.2. Der Leib in verschiedenen Sündenkonzepten

„Unrecht und Sünde werden also eindeutig von der Tatsphäre des Leibes her definiert, und entsprechend stark rückt das kirchliche Bußwesen der Zeit [gemeint ist die Zeit seit etwa 500 bis zum 12. Jahrhundert, J.T.] die äußeren Bußwerke, also die Genugtuung, die satisfactio des Körpers, ins Zentrum, nicht hingegen den innerseelischen Reueschmerz über die Verfehlung.“[34]

Im Folgenden Abschnitt untersuche ich auszugsweise diese Vielfalt der Sündenlehren in Bezug auf den Leib. Zu Beginn möchte ich kurz auf den Begriff des Leibes eingehen: Unter Leib (gr. σῶμα [soma]) wird – im Gegensatz zum Begriff des Körpers für unbelebt Seiendes – die materielle Verfasstheit eines belebten Wesens verstanden[35].

In der griechischen Antike wurde der Begriff σῶμα „zum Komplementärbegriff von ‚Seele‘ bzw. ‚Geist‘.“[36] THURNER zu Folge bildeten sich drei unterschiedliche Modelle der Verhältnisbestimmung der Leib-Seele-Problematik heraus: (1) Eine dualistische Sicht, die den Leib meist negativ bewertete, (2) eine ganzheitliche Sicht, in der die Seele und der Leib aufeinander bezogen sind und (3) eine monistische Sicht, in der eines der Beiden zum umfassenden Prinzip erhoben wurde[37]. Ein Beispiel für das dualistische Modell stellt PLATON dar[38]. Für ihn bilden die Ideen das eigentlich Seiende, zu dem die Menschen durch die Geistbegabung der Seele einen Zugang gewinnen können[39]. Die Seele gilt ihm als präexistent und wird erst durch verursachte Schuld in den – entsprechend negativ bewerteten – Leib gebannt[40].

Der Neuplatonismus versteht Geist und Materie zwar nicht als Dualismus, aber in einer Hierarchie, in der die Ebene des Geistes eine höhere Stufe darstellt und die Ebene

---

[34] HAMM, *Der frühe Luther*, S. 2.
[35] Vgl. Martin THURNER, Art. *„Leib / Fleisch / Körper (katholisch)“*, in: Bertram Stubenrauch, Andrej Lorgus (Hgg.), Handwörterbuch zur theologischen Anthropologie. Römisch-katholisch / Russisch-orthodox. Eine Gegenüberstellung, Freiburg, Basel, Wien 2012, S. 397.
[36] Vgl. Ebd.
[37] Vgl. Ebd.
[38] Vgl. Ebd.
[39] Vgl. Herbert VORGRIMLER, Art. *„Platonismus“*, in: ders. (Hg.), Neues Theologisches Wörterbuch, Freiburg, Basel, Wien 2000, S. 496.
[40] Vgl. Ebd. S. 497.

des Materiellen eine niedere Stufe (mit einer Verbindung zum Geist – insofern stellt es eine Art Mischung zwischen dem ersten und zweiten Modell dar)[41]. Der Neuplatonismus prägte „vom 3. Jh. an die christliche Theologie zutiefst“[42], vor allem durch seinen Vertreter AUGUSTINUS[43].

Daraus folgte, dass ein spätantiker Sexualpessimismus[44], eng verbunden mit einem „an die Antike anknüpfende[m] additive[n] Leib-Seele-Modell“[45] weite Teile der mittelalterlichen Theologie prägte – oder, um es mit HAMM zu formulieren:

> „Unrecht und Sünde werden also eindeutig von der Tatsphäre des Leibes her definiert, und entsprechend stark rückt das kirchliche Bußwesen der Zeit [gemeint ist die Zeit seit etwa 500 bis zum 12. Jahrhundert, J.T.] die äußeren Bußwerke, also die Genugtuung, die satisfactio des Körpers, ins Zentrum, nicht hingegen den innerseelischen Reueschmerz über die Verfehlung.“[46]

Doch die Entgegensetzung von Leiblichem und Geistigem findet sich im Christentum nicht erst mit dem Neuplatonismus, sondern bereits bei PAULUS[47]. Hinzu kommt, dass „die katholische Lehre ausgehend von den Lehren der Kirchenväter unterstellt hat, die Sexualität oder zumindest die sexuelle Lust seien erst nach dem Fall Adams und Evas in die Welt gekommen.“, womit die Sexualität als negativ bewertet wurde[48]. Diesem Konzept folgend, gehörten emotionale Bindung, Lust und körperliche Liebe nicht in die katholische Sexual- und Ehelehre des frühen 16. Jahrhunderts[49] (soweit man von einer Einheitlichkeit der katholischen Lehre vor der Reformation

---

[41] Vgl. Herbert VORGRIMLER, Art. *„Neuplatonismus“*, in: ders. (Hg.), Neues Theologisches Wörterbuch, Freiburg, Basel, Wien 2000, S. 451f.
[42] Vgl. VORGRIMLER, *Platonismus*, S. 497; STEGMANN verweist neben dem Mittel- und Neuplatonismus zudem auf die Bedeutung Ciceros und der lateinischen Stoa für die mittelalterliche Theologie. Vgl. Andreas STEGMANN, *Luthers Auffassung vom christlichen Leben*, Tübingen 2014, S. 64.
[43] Vgl. VORGRIMLER, *Neuplatonismus*, S. 452.
[44] Vgl. Tilmann WALTER, *Unkeuschheit und Werk der Liebe. Diskurse über Sexualität am Beginn der Neuzeit in Deutschland*, Berlin, New York 1998 (Studia Linguistica Germanica, Bd. 48), S. 121.
ORTH schreibt generell von „leibfeindlichen Tendenzen der christlichen Umwelt in den ersten Jahrhunderten“. Stefan ORTH, *Theologinnen und Theologen diskutieren über Körper, Leiblichkeit und Inkarnation. Angelpunkt des Heils*, in: Herder Korrespondenz 70, 11 (2016), S. 46.
[45] Volker LEPPIN, *Madensack und Tempel des Heiligen Geistes. Leiblichkeit bei Martin Luther*, in: Bernd Janowski, Christoph Schwöbel (Hgg.), Dimensionen der Leiblichkeit. Theologische Zugänge, Neukirchen-Vluyn 2015 (Theologie Interdisziplinär, Bd. 16), S. 90.
[46] HAMM, *Der frühe Luther*, S. 2.
[47] Vgl. LEPPIN, *Madensack und Tempel des Heiligen Geistes*, S. 88f. LEPPIN verweist dabei in seinen Ausführungen über die Rolle des Fleisches als Sitz allen Übels auf die Bibelstelle Röm 7, 18.
[48] WALTER, *Unkeuschheit und Werk der Liebe*, S. 110 (Vgl. auch S. 112).
[49] Vgl. Ebd. S. 119.

sprechen kann)[50]: „Viel eher ist man geneigt, schon darin gefährliche Vorstufen der tödlichen Fallstricke des Fleisches zu sehen.“[51]

Doch auch in einer ganzheitlichen Sicht (deren Vertreter u.a. ARISTOTELES oder THOMAS von Aquin sind) wie der scholastischen, existiert eine Gefahr, die vom Leib ausgeht und sich beispielsweise in Regulierungen des ehelichen Sexes ausdrückt[52].

Trotz der bisher ausgeführten negativen christlichen Perspektive auf den Leib, weist LUTTERBACH darauf hin, „dass das Christentum immer schon zwischen Körperfeindlichkeit und Körperfreundlichkeit oszilliere.“[53] Die positive Bedeutung gewinnt der Körper im christlichen Kontext vor allem durch den Glauben an die Inkarnation[54]. ESSEN spricht gar davon, dass der „theologische Topos der Inkarnation [...] dem menschlichen Fleisch eine ‚vorher nie dagewesene Dignität‘ verliehen [habe]“[55].

Entsprechend der Berufung auf AUGUSTINUS im Augustinereremitenorden, besaß die Ebene des Geistigen eine hohe Bedeutung gegenüber dem Leiblichen[56]. Diesem Orden gehörte Staupitz bis 1522 an. Doch auch außerhalb des Augustinereremitenordens ist eine Leibfeindlichkeit im monastischen Kontext existent[57], wie für WALTER auch generell in traditionell katholischen Texten vor der Reformation[58]. Das Leben der asketischen Praxis und sexueller Enthaltsamkeit galt als höchste Form christlichen Lebens[59], so korrespondierte ein „negatives Verhältnis zum Leib [...] [mit] einer mystisch-spirituellen Aufwertung der geistlichen Dimension.“[60] Entsprechend hatte der katholische Klerus den Anspruch, „durch die Ehelosigkeit in

---

[50] Siehe dazu das Kapitel 2.5 dieser Arbeit.
[51] Vgl. WALTER, *Unkeuschheit und Werk der Liebe*, S. 119f.
[52] Vgl. Ebd. S. 127. WALTER verweist hier auf den spätmittelalterlichen „Spiegel des Sünders“ und Markus von WEIDA.
[53] ORTH, *Angelpunkt des Heils*, S. 44.
[54] Vgl. Ebd.
[55] Vgl. Ebd.
[56] Vgl. LEPPIN, *Madensack und Tempel des Heiligen Geistes*, S. 86f.
[57] Vgl. Ebd. S. 86.
[58] Vgl. WALTER, *Unkeuschheit und Werk der Liebe*, S. 123.
[59] Vgl. Ute GAUSE, *Durchsetzung neuer Männlichkeit? Ehe und Reformation*, in: Evangelische Theologie 83, 5 (2013), S. 338.
[60] Vgl. LEPPIN, *Madensack und Tempel des Heiligen Geistes*, S. 89.

besonderem Maße als Stellvertreter Gottes auf Erden prädestiniert zu sein."[61] Zum äußerlichen Zeichen der Askese wurde im monastischen Kontext die Tonsur[62].

Ich füge nun einen kurzen Exkurs zu mittelalterlichen Darstellungen des Sündenfalls ein, in denen der Leib eine wichtige Rolle einnimmt. So versuchen mehrere Darstellungen die Folgen des göttlichen Urteils für die körperliche Verfassung des Menschen aufzuzeigen[63]. Auch hier zeigt sich die starke Prägung durch Augustinus:

„Der Mensch ist demnach auf Gott ausgerichtet, zur Schau Gottes bestimmt, und dies zeigt sich in seinem aufrechten Gang und dem erhobenen Haupt. Die Beugung des Kopfes und des Körpers zur Erde hin lassen sich entsprechend als Abwertung von Gott und als ein Zeichen verstehen, dass der Mensch wie ein Tier allein seinen körperlichen Bedürfnissen folgt. Genau so wird aber auch der Sündenfall schon von Augustinus charakterisiert."[64]

Abschließend fasse ich die Gedanken des Kapitels kurz zusammen: Der Leib fand eine unterschiedliche Bewertung in verschiedenen Sündenkonzepten bis ins frühe 16. Jahrhundert, die aber letztlich nur eine unterschiedliche Intensität in der Abwertung oder Begrenzung in der Auslebung leiblicher Bedürfnisse darstellten.

---

[61] Vgl. WALTER, *Unkeuschheit und Werk der Liebe*, S. 116. Dieser theoretische Anspruch stand allerdings in erheblicher Spannung zum weit verbreiteten Konkubinat der Geistlichen. Vgl. Bernd MOELLER, *Spätmittelalter*, Göttingen 1966 (Die Kirche in ihrer Geschichte. Ein Handbuch, Bd. 2, Lieferung H, 1. Teil), S. H 39, H 43; Dieter J. WEIß, *Katholische Reform und Gegenreformation*, Darmstadt 2005, S. 20; Rolf DECOT, *Geschichte der Reformation in Deutschland*, Freiburg, Basel, Wien 2015, S. 52.

[62] Vgl. GAUSE, *Durchsetzung neuer Männlichkeit?*, S. 332.

[63] Vgl. Bruno REUDENBACH, *Gestörte Ordnung – deformierte Körper. Beobachtungen des Sündenfalls an mittelalterlichen Darstellungen des Sündenfalls*, in: Steffen Patzold, Anja Rathmann-Lutz, Volker Scior (Hgg.), Geschichtsvorstellungen. Bilder, Texte und Begriffe aus dem Mittelalter (FS Hans-Werner Goetz), Wien, Köln, Weimar 2012, S. 365, 367.

[64] Ebd. S. 367.

2.3. Biographische Skizze Johanns von Staupitz

„Die Biographie des Johann von Staupitz schlägt gleichsam die Brücke zwischen dem vielfältigen Reformverlangen des Spätmittelalters und dem Ausbruch der Reformation."[65]

Johann oder Johannes von Staupitz wurde in den 1460er Jahren (wahrscheinlich auf dem Gut Motterwitz in Sachsen) geboren und starb am 28.12.1524 bei Salzburg[66]. Als eines von sechs Kindern von Günther und Katharine von Staupitz entstammte er dem

[65] Wolfgang GÜNTER, *Johann von Staupitz (ca. 1468–1524)*, in: Erwin Iserloh (Hg.), Katholische Theologen der Reformationszeit, Münster 1988 (Katholisches Leben und Kirchenreform im Zeitalter der Glaubensspaltung, Bd. 48), S. 11

[66] Der Vorname wird in der deutschen Sekundärliteratur entweder als Johann oder als Johannes wiedergegeben, wobei mir die Variante Johann häufiger begegnete. Mit Blick auf die englischsprachige Literatur ist festzustellen, dass auch hier eine Variantenvielfalt besteht: Während POSSET in seiner Monographie ebenfalls den Namen „Johann" verwendet, nennt STEINMETZ ihn in seiner Monographie *Luther and Staupitz* „John" – in seiner später erschienen Schrift *Reformers in the Wings* jedoch „Johannes". Vgl. David Curtis STEINMETZ, *Luther and Staupitz. An Essay in the Intellectual Origins of the Protestant Reformation*, Durham 1980 (Dukes monographs in medieval and Renaissance studies, Bd. 4); David Curtis STEINMETZ, *Reformers in the Wings. From Geyler von Kaysersberg to Theodore* Beza, Oxford ²2001; Franz POSSET, *The Front-Runner of the Catholic Reformation. The Life and Works of Johann von Staupitz*, Aldershot, Burlington 2003 (St. Andrews studies in Reformation history).
Zur Zeitspanne was das Geburtsjahr angeht besteht in der Sekundärliteratur Einigkeit über die Zeitspanne der 1460er Jahre – jedoch finden sich in den einzelnen Texten unterschiedliche Angaben. So gibt STEINMETZ großzügig die Spanne 1460/69 an und auch POSSET sieht als Zeitspanne die 1460er Jahre (macht überdies aber auch darauf aufmerksam, dass die meisten Gelehrten die Zeit zwischen 1463 und 1468 für die Geburt Johanns von Staupitz annehmen). WRIEDT hingegen sieht in seinen Schriften das Geburtsjahr um 1465. BLUM, GÜNTER, HAMM und SCHWARZ sehen das Geburtsjahr um 1467/68/69. Graf zu DOHNA sieht es spätestens um 1469. Das Geburtsjahr lässt sich erschließen aus dem Datum seiner Immatrikulation an der Kölner Universität im Mai 1483. Vgl. Lothar Graf zu DOHNA, *Staupitz und Luther. Kontinuität und Umbruch in den Anfängen der Reformation*, in: ders. und Reinhold Mokrosch (Hgg.), Werden und Wirkung der Reformation. Ringvorlesung an der Technischen Hochschule Darmstadt im Wintersemester 1983/84 veranstaltet vom Institut für Theologie und Sozialethik und vom Institut für Geschichte. Eine Dokumentation, Darmstadt 1986 (THD-Schriftenreihe Wissenschaft und Technik, Bd. 29), S. 95; Reinhard SCHWARZ, *Luther*, Göttingen 1986 (Die Kirche in ihrer Geschichte. Ein Handbuch, Bd. 3, Lieferung I), S. 120; GÜNTER, *Johann von Staupitz*, S. 11; WRIEDT, *Gnade und Erwählung*, S. 12; Markus WRIEDT, *Seelsorgerliche Theologie am Vorabend der Reformation. Johann von Staupitz als Fastenprediger in Nürnberg*, in: Zeitschrift für bayerische Kirchengeschichte 63 (1994), S. 2; Markus WRIEDT, Art. *„Staupitz"*, in: Walter Kasper u.a. (Hgg.), LThK, Bd. 9, Freiburg u.a. ³2000, Sp. 940; STEINMETZ, *Reformers in the Wings*, S. 15; Berndt HAMM, *Johann von Staupitz (ca. 1468–1524) – spätmittelalterlicher Reformer und ‚Vater' der Reformation*, in: Archiv für Reformationsgeschichte 92 (2001), S. 7; Berndt HAMM, Art. *„Johannes von Staupitz"*, in: Hans Dieter Betz u.a. (Hgg.), RGG, Bd. 4, Tübingen ⁴2001, Sp. 538; Berndt HAMM, Art. *„Staupitz"*, in: Gerhard Müller (Hgg.), TRE, Bd. XXXII, Berlin, New York 2001, S. 119; Markus WRIEDT, Art. *„Staupitz"*, in: Klaus Ganzer, Bruno Steimer (Hgg.), Lexikon der Reformationszeit, Freiburg 2002, Sp. 722; POSSET, *The Front-Runner of the Catholic Reformation*, S. 32; Daniela BLUM, *Der katholische Luther. Begegnungen – Prägungen – Rezeptionen*, Paderborn 2016, S. 19.

meißnischen Adel[67]. Über seine Kindheit und Jugend ist kaum etwas bekannt[68], möglicherweise wurde er gemeinsam mit Friedrich dem Weisen und Johann von Schleinitz in Grimma unterrichtet[69].

Im Mai 1483 wird Staupitz an der Universität in Köln immatrikuliert[70]. Wie im Spätmittelalter üblich bedeutete dies zunächst „den Besuch der artes-Fakultät, also ein philosophisches Grundlagenstudium."[71] Dieses schloss er im November 1484 mit dem Abschluss als Baccalaureus ab[72]. Anders als viele seiner Zeitgenossen[73] schloss Staupitz ein Studium der artes liberales an[74]. Im Zuge dessen verbrachte er vom Sommer 1485 bis zum Ende des Oktobers ein Semester an der Universität in Leipzig[75]. Anschließend kehrte er wieder nach Köln zurück[76], wo er im Sommer 1489 den Grad des Magister artium erwarb[77]. „Im gleichen Jahr wurde er in den Lehrkörper der Leipziger Artistenfakultät aufgenommen."[78]

Über seinen Eintritt in den Augustinereremitenorden finden sich in der Forschungsliteratur unterschiedliche Aussagen. Am konkretesten sind diejenigen in den jüngeren Artikeln von WRIEDT, in denen er das Augustinereremitenkonvent in München als Eintrittskonvent benennt und schreibt, dass Staupitz dort bereits 1490

[67] Vgl. HAMM, *Staupitz*, S. 119; POSSET, *The Front-Runner of the Catholic Reformation*, S. 32.
Zu seiner Mutter und seinen Geschwistern Günther und Magdalena siehe Theodor KOLDE, *Die deutsche Augustiner-Congregation und Johann von Staupitz. Ein Beitrag zur Ordens- und Reformationsgeschichte nach meistens ungedruckten Quellen*, Gotha 1879, S. 212f.
[68] Vgl. GÜNTER, *Johann von Staupitz*, S. 11; WRIEDT, *Gnade und Erwählung*, S. 12.
[69] Vgl. HAMM, *Staupitz*, S. 119; POSSET, *The Front-Runner of the Catholic Reformation*, S. 33; Volker LEPPIN, *Die fremde Reformation. Luthers mystische Wurzeln*, München 2016, S. 11.
[70] Vgl. HAMM, *spätmittelalterlicher Reformer und ‚Vater' der Reformation*, S. 7; POSSET, *The Front-Runner of the Catholic Reformation*, S. 34.
[71] Volker LEPPIN, *Martin Luther*, Darmstadt ²2010 (Gestalten des Mittelalters und der Renaissance), S. 24.
LEPPIN führt weiter aus: „Hier wurde das Denken nach den Regeln der aristotelischen Philosophie gelernt, ehe man auf einer der höheren Fakultäten – Jura, Medizin oder Theologie – weitere Studien [be]treiben konnte." Ebd.
[72] Vgl. POSSET, *The Front-Runner of the Catholic Reformation*, S. 34.
[73] Vgl. LEPPIN, *Martin Luther*, S. 24f.
[74] Dies lässt sich daraus schließen, dass Staupitz 1489 den Titel eines Magister artium erwarb – den Abschluss der artes liberales (der (Sieben) Freien Künste). Vgl. WRIEDT, *Gnade und Erwählung*, S. 12; HAMM, *spätmittelalterlicher Reformer und ‚Vater' der Reformation*, S. 7; POSSET, *The Front-Runner of the Catholic Reformation*, S. 34.
[75] Vgl. POSSET, *The Front-Runner of the Catholic Reformation*, S. 34.
[76] Vgl. Ebd.
[77] Vgl. Fußnote 74.
[78] HAMM, *spätmittelalterlicher Reformer und ‚Vater' der Reformation*, S. 7.

Prior sei[79]. In einem der Generalstudien des Ordens könnte er Theologie studiert haben[80]. Einer alten Überlieferung zufolge soll er im Münchner Konvent seine Profess abgelegt haben[81]. Wie auch sein Geburtsjahr und das Jahr seines Ordenseintritts, ist auch das Jahr seiner Priesterweihe unbekannt[82].

1497 sandten ihn seine Ordensoberen nach Tübingen[83], wo er am 30. Mai immatrikuliert wurde[84]. Vom Herbst 1498 bis in das Jahr 1500 war er Prior des Tübinger Augustinereremitenklosters[85]. Am 29. Oktober 1498 nahm er als Baccalaureus biblicus seine Vorlesungstätigkeit auf[86], die er ab dem 10. Januar 1499 als Baccalaureus sententiarius fortsetzte[87]. Am 6. Juli 1500 erhielt er das Lizentiat und

---

[79] Vgl. WRIEDT, *Staupitz (LThK)*, Sp. 940; WRIEDT, *Staupitz (LdR)*, Sp. 722f.
In seiner Dissertation (wie auch in einem Aufsatz von 1994) schrieb WRIEDT noch, dass er um 1490 in das Augustinereremitenkloster in München eintrat. Für HAMM kommt der Zeitraum von 1489 bis 1494 als Eintrittszeit in Frage, sowie auch das Augustinerkonvent in Grimma. SCHWARZ sieht die Zeit um 1490 als Eintrittszeit, GÜNTER die Spanne zwischen 1490 und 1492, POSSET zwischen 1490 und 1495 und für Graf zu DOHNA und WETZEL kommt die Zeit ab 1490 in Frage. Vgl. Lothar Graf zu DOHNA, Richard WETZEL, *Einführung in die Staupitz-Gesamtausgabe*, in: Lothar Graf zu Dohna, Richard Wetzel (Hgg.), Johann von Staupitz. Libellus de exsecutione aeternae praedestinationis mit der Übertragung von Christoph Scheuerl Ein nutzbarliches büchlein von der entlichen volziehung ewiger fürsehung hg. von Lothar Graf zu Dohna und Albrecht Endriss, (Spätmittelalter und Reformation. Texte und Untersuchungen, Bd. 14, Johann von Staupitz. Sämtliche Schriften. Abhandlungen, Predigten, Zeugnisse, lateinische Schriften II), Berlin, New York 1979, S. 4; SCHWARZ, *Luther*, S. 120; GÜNTER, *Johann von Staupitz*, S. 11; WRIEDT, *Gnade und Erwählung*, S. 12; WRIEDT, *Seelsorgerliche Theologie*, S. 2; HAMM, *Staupitz*, S. 120; HAMM, *spätmittelalterlicher Reformer und ,Vater' der Reformation*, S. 8; POSSET, *The Front-Runner of the Catholic Reformation*, S. 35.
Zum Begriff Prior zeigt HEIM kompakt die verschiedenen Verständnisweisen auf: „im kath. Ordenswesen 1. der zweite Obere einer Abtei (zugleich Stellvertreter des Abtes); 2. der Obere eines selbstständigen Klosters eines Mönchsordens, das nicht Abtei ist (Priorat); 3. der Obere eines Klosters oder einer Niederlassung verschiedener Orden […]". Manfred HEIM, *Kleines Lexikon der Kirchengeschichte*, München 1998, S. 361.

[80] Vgl. HAMM, *Staupitz*, S. 120; HAMM, *spätmittelalterlicher Reformer und ,Vater' der Reformation*, S. 8.
Die beiden Generalstudien des Ordens der bayerischen Provinz sind Prag und Wien. Vgl. GÜNTER, *Johann von Staupitz*, S. 113.
POSSET hingegen sieht ein Studium in einem der Generalstudien des Ordens als unwahrscheinlich an, da das Kloster in München ein observantes Konvent war, wohingegen Prag und Wien konventuale Konvente waren. Vgl. POSSET, *The Front-Runner of the Catholic Reformation*, S. 36f.

[81] Vgl. GÜNTER, *Johann von Staupitz*, S. 11f; HAMM, *Staupitz*, S. 120; HAMM, *spätmittelalterlicher Reformer und ,Vater' der Reformation*, S. 8.

[82] Vgl. POSSET, *The Front-Runner of the Catholic Reformation*, S. 36.

[83] Vgl. WRIEDT, *Gnade und Erwählung*, S. 12; WRIEDT, *Seelsorgerliche Theologie*, S. 2

[84] Vgl. HAMM, *spätmittelalterlicher Reformer und ,Vater' der Reformation*, S. 8.

[85] Vgl. POSSET, *The Front-Runner of the Catholic Reformation*, S. 37f. Laut Graf zu DOHNA und WETZEL war er bereits seit 1497 Prior des Konvents zu Tübingen. Vgl. Graf zu DOHNA, WETZEL, *Einführung*, S. 4.
Zum Begriff des Priors siehe auch Fußnote 79.

[86] Vgl. WRIEDT, *Gnade und Erwählung*, S. 12.

[87] Vgl. Ebd.; HAMM, *spätmittelalterlicher Reformer und ,Vater' der Reformation*, S. 8; POSSET, *The Front-Runner of the Catholic Reformation*, S. 40.
Seine Vorlesungen sind leider nicht erhalten. Vgl. WRIEDT, *Gnade und Erwählung*, S. 12.

am Tag darauf wurde er schließlich Doktor der Theologie[88]. „Unmittelbar nach seiner Doktorpromotion verließ er die Universität und begab sich nach München, um als Prior die Leitung des dortigen Augustinerklosters zu übernehmen.“[89] So übernahm er also ab 1500 bis mindestens April 1503 das Priorat im Münchner Kloster, wurde jedoch bereits 1502 von Kurfürst Friedrich dem Weisen nach Wittenberg gerufen, um ihn bei der Gründung der neuen Universität zu beraten[90].

„Er selbst erhielt die Bibelprofessur an der theologischen Fakultät [die er bis 1512 innehatte] und wurde deren erster Dekan. Bemerkenswerte Eigenarten der Wittenberger Fakultät gingen offensichtlich auf seinen Einfluß [sic.] zurück: so die Wahl Augustins zu ihrem Patron, die weitgehende Übernahme der Tübinger Statuten und die – auch an Tübingen orientierte – enge Verbindung der Universität mit dem ebenfalls 1502 gegründeten Augustinerkloster.“[91]

Außerdem wurde er am 7. Mai 1503 in Eschwege zum Generalvikar für den Klosterverband der privilegierten Augustinerobservanz in Deutschland und den Niederlanden gewählt[92].

„Staupitz [ver]sucht das Werk seines Vorgängers [Andreas Proles, J.T.], der sich ganz der Reform des Klosterlebens verschrieben hatte, auf zweierlei Weise fortzusetzen. Erstens läßt [sic.] er auf der Provinzialsynode am 23. April 1504 eine neue Konstitution der reformierten Augustinerkongregation ratifizieren, die endgültig in Nürnberg am 16. Mai 1504 verabschiedet und mit einer Vorrede von Staupitz dort gedruckt wird. Umfangreiche Visitationsreisen sollen ihre Einhaltung garantieren. Zweitens sucht er durch die Union mit anderen Reformkongregationen das Gewicht der Observanten im Orden zu erhöhen. Bis 1512 hält er an diesem Plan fest, muß [sic.] aber angesichts des versammelten Widerstandes gerade auch aus den eigenen Reihen, aufgeben.“[93]

---

[88] Vgl. WRIEDT, *Gnade und Erwählung*, S. 12; HAMM, *spätmittelalterlicher Reformer und ‚Vater‘ der Reformation*, S. 8; POSSET, *The Front-Runner of the Catholic Reformation*, S. 70.

[89] GÜNTER, *Johann von Staupitz*, S. 13. Auch für diesen Zeitraum gibt es wieder unterschiedliche Angaben in der Forschungsliteratur. So schreibt WRIEDT, dass Staupitz für die Jahre 1502 und 1503 zum Prior des Münchner Konvents gewählt wurde, wohingegen die weitere Forschungsliteratur die Jahre 1500 bis 1503 angibt. Vgl. WRIEDT, *Gnade und Erwählung*, S. 12; WRIEDT, *Seelsorgerliche Theologie*, S. 2; Für die weitere Forschungsliteratur exemplarisch: Vgl. HAMM, *spätmittelalterlicher Reformer und ‚Vater‘ der Reformation*, S. 9.

[90] Vgl. Graf zu DOHNA, WETZEL, *Einführung*, S. 5; HAMM, *Staupitz*, S. 120; HAMM, *spätmittelalterlicher Reformer und ‚Vater‘ der Reformation*, S. 9; POSSET, *The Front-Runner of the Catholic Reformation*, S. 70f.

[91] Vgl. HAMM, *spätmittelalterlicher Reformer und ‚Vater‘ der Reformation*, S. 9.

[92] Vgl. Graf zu DOHNA, WETZEL, *Einführung*, S. 5; HAMM, *Staupitz*, S. 120; HAMM, *spätmittelalterlicher Reformer und ‚Vater‘ der Reformation*, S. 10; POSSET, *The Front-Runner of the Catholic Reformation*, S. 80. Der Generalvikar (vicarious prioris generalis) ist der Stellvertreter des Ordensgenerals, der wiederum der höchste obere der Ordensgemeinschaft weltweit ist. Vgl. HAMM, *spätmittelalterlicher Reformer und ‚Vater‘ der Reformation*, S. 10.

[93] WRIEDT, *Gnade und Erwählung*, S. 13. Zum Unionsversuch siehe SCHWARZ, *Luther*, S. I 21f; und Hans SCHNEIDER, *Contentio Staupitii. Der ‚Staupitz-Streit‘ in der Observanz der deutschen Augustinereremiten 1507–1512*, in: Zeitschrift für Kirchengeschichte 118, 1 (2007, Vierte Folge LVI), S. 1–44.

Nach dem Scheitern der Unionsversuche (im Mai 1512) und der Aufgabe seiner Bibelprofessur (im Herbst 1512)[94] unternahm er ausgedehnte Visitationsreisen[95] und wandte sich in deutscher Sprache als Prediger und geistlicher Schriftsteller an ein Laienpublikum[96].

Nach Veröffentlichung der 95 Thesen durch Martin Luther stellte Staupitz sich in den Jahren 1517 bis 1520 vorbehaltlos vor ihn[97]. Im Oktober 1518 reiste er ihm als sein Ordensoberer und Beichtvater zum Verhör durch den Kardinallegaten Thomas de Vio Cajetan nach Augsburg nach[98]. „Zu diesem Zeitpunkt entband er [Staupitz] ihn [Luther] wohl vom Gehorsam gegenüber seinen Ordensvorgesetzten."[99] Zwei Jahre später – am 28. August 1520 – legte Staupitz auf dem vorgezogenen Kapitel in Eisleben sein Amt des Generalvikars nieder[100].

„Über den letzten Abschnitt des Lebens von Staupitz gibt es nur wenige Quellen, dafür um so mehr Spekulationen. Auf Einladung des Bischofs Matthäus Lang geht Staupitz 1520 nach Salzburg"[101]. Am 26. April 1521 erteilt Rom den Dispens für einen Ordenswechsel[102] und am 22. April 1522 verlässt Staupitz den Augustinereremitenorden und wird Benediktiner[103]. Am 1. August 1522 legt er seine

[94] Vgl. HAMM, *spätmittelalterlicher Reformer und ‚Vater' der Reformation*, S. 13; POSSET, *The Front-Runner of the Catholic Reformation*, S. 129.
[95] Vgl. WRIEDT, *Gnade und Erwählung*, S. 14; HAMM, *spätmittelalterlicher Reformer und ‚Vater' der Reformation*, S. 13.
[96] Vgl. WRIEDT, *Staupitz (LThK)*, Sp. 940; HAMM, *Johannes von Staupitz*, Sp. 538; HAMM, *spätmittelalterlicher Reformer und ‚Vater' der Reformation*, S. 13; WRIEDT, *Staupitz (LdR)*, Sp. 723.
[97] Vgl. BLUM, *Der katholische Luther*, S. 30.
[98] Vgl. WRIEDT, *Gnade und Erwählung*, S. 14; WRIEDT, *Seelsorgerliche Theologie*, S. 3; POSSET, *The Front-Runner of the Catholic Reformation*, S. 236f.
[99] BLUM, *Der katholische Luther*, S. 30.
[100] Vgl. WRIEDT, *Gnade und Erwählung*, S. 14; HAMM, *spätmittelalterlicher Reformer und ‚Vater' der Reformation*, S. 14; POSSET, *The Front-Runner of the Catholic Reformation*, S. 267; BLUM, *Der katholische Luther*, S. 30.
[101] WRIEDT, *Gnade und Erwählung*, S. 14. „Zweifel an der These Erzbischof Lang habe Staupitz nach Salzburg eingeladen, hegt Johann Sallaberger". WRIEDT, *Seelsorgerliche Theologie*, S. 3, Anm. 9.
[102] Vgl. WRIEDT, *Gnade und Erwählung*, S. 14
[103] Vgl. POSSET, *The Front-Runner of the Catholic Reformation*, S. 287. HAMM formuliert: "Ob dies aus eigenem Antrieb geschah und wieweit er dazu durch den deutlichen Wunsch des Papstgünstlings und Luthergegners Matthäus Lang gedrängt wurde, ist schwer zu sagen. Der Salzburger Kardinal hat jedenfalls den prominenten Ordensmann als Abt und Rat an sich binden wollen; er hat die [sic.] Dispens in Rom erwirkt und kräftig Einfluß [sic.] darauf genommen, daß [sic.] Staupitz […] zum Abt […] gewählt, am 17. August durch den Bischof von Chiemsee Berthold Pürstinger geweiht und damit in den Prälatenstand erhoben wurde." HAMM, *spätmittelalterlicher Reformer und ‚Vater' der Reformation*, S. 1.

Profess ab und wird am Tag darauf zum Abt Johannes IV. des Klosters St. Peter in Salzburg gewählt[104]. Dieses Amt hat er bis zu seinem Tod inne[105]. „During one of the many trips with which he still loved to indulge his wanderlust, Staupitz died in Bad Reichenhall on 28 December 1524.“[106]

2.4. Klärung zentraler Quellenbegriffe

„Von entscheidender Bedeutung ist dabei die Tatsache, daß [sic.] Staupitz sich nicht der systematischen Sprache der Scholastik, sondern einer vorzugsweise aus der Schrift gewonnenen Terminologie bedient, die es nachträglich erschwert, die möglichen systematischen Grundlagen von Staupitz wiederzuentdecken.“[107]

Vom kurzen biographischen Abriss wandere ich nun weiter und werde in diesem Kapitel zentrale Quellenbegriffe vorstellen und zu ihrer Erläuterung primär auf die Dissertation von WRIEDT verweisen. Hinweisen möchte ich dabei vorab auf die schon im Einstiegszitat in das Kapitel erwähnte Gefahr einer systematischen Überstrapazierung. Auf diese macht insbesondere WRIEDT aufmerksam, indem er die Quellengattung der Predigt als **keine** explizit nach systematischer Klarheit angelegte Form beschreibt[108]. Dieser Gefahr ist meine gesamte Arbeit ausgesetzt, da sie als Untersuchung der Sündenlehre eine Systematik im Blick hat. Daher habe ich mich – was den Quellenkorpus betrifft – entschlossen, sie auf den Libellus zu beschränken, weil einer zusammenhängenden Predigtreihe (in der Regel) keine unterschiedlichen Systematiken zugrunde gelegt werden, da diese das Verstehen deutlich erschweren würde. Dennoch bleibt auch bei einem zusammenhängenden Text (bzw. einer

[104] Vgl. HAMM, *spätmittelalterlicher Reformer und ‚Vater' der Reformation*, S. 15; POSSET, *The Front-Runner of the Catholic Reformation*, S. 289; BLUM, *Der katholische Luther*, S. 31.
WRIEDT hingegen schreibt, dass er am 22. August zum Abt gewählt wird. Vgl. WRIEDT, *Gnade und Erwählung*, S. 14.

[105] Vgl. WRIEDT, *Gnade und Erwählung*, S. 14; BLUM, *Der katholische Luther*, S. 31.

[106] POSSET, *The Front-Runner of the Catholic Reformation*, S. 334.
Einen kurzen Überblick über das Leben und die Schriften von Staupitz bietet Richard WETZEL, *Staupitz und Luther. Annäherung an eine Vorläufer-Figur*, in: Blätter für pfälzische Kirchengeschichte und religiöse Volkskunde 58 (1991), S. 394(66)–395(67).

[107] WRIEDT, *Gnade und Erwählung*, S. 69.

[108] Vgl. WRIEDT, *Gnade und Erwählung*, S. 8. Siehe auch die Seiten 9 und 69.

Predigtreihe) die Gefahr einer systematischen Überstrapazierung. Dieser Gefahr bin ich mir bei der Entstehung dieser Arbeit bewusstgeworden. Ich halte aber dennoch an der Untersuchung einer Systematik fest, aus den gerade genannten Gründen und Versuche dieser Gefahr mit einer sensiblen Selbstreflexion in diesem Bereich zu begegnen.

Zunächst gehe ich auf die Begriffe *natura* und *gratia* ein. Wie WRIEDT feststellt ist keine spezifische Verwendung des Naturbegriffes bei Staupitz feststellbar, vielmehr findet sich die ganze Bandbreite der traditionellen Verwendungen[109].

„Das natürliche Sein des Menschen ist durch Gottes Allmacht ins Werk gesetzt. Aufgrund des Sündenfalls ist es erlösungsbedürftig. In seiner Barmherzigkeit schenkte Gott darum die Gnade, durch welche das Gut-Sein des Menschen, sein freier Wille, restituiert werden konnte: das Heilswerk Christi – Gott wurde Mensch."[110]

Bezogen auf den Existenzbereich drückt das Zitat den Naturzustand des Menschen vor allem vor dem Sündenfall aus – doch auch nach dem Sündenfall sieht Staupitz den Menschen im natürlichen Sein[111]. Diese menschliche Natur[112] schätzt Staupitz allerdings so ein, dass „der Mensch der Gnade Gottes zeitlebens bedürftig ist."[113] Das Sein unter der Gnade (*gratia*)[114] stellt für Staupitz also einen Unterschied gegenüber dem natürlichen Sein dar[115]. „Mit Gnade bezeichnet Staupitz eine Zuwendung Gottes, die göttlicher Barmherzigkeit entspringt."[116] Sie ist eine Kraft, „die der Mensch erhält, um den Versuchungen des Teufels zu widerstehen."[117] Dabei

---

[109] Vgl. Ebd. S. 48, 183. So bezeichnet natura einerseits „das Wesen (esse) der Dinge oder das des Menschen" (Ebd. S. 48.), andererseits auch „einen Bereich von Existenz, der von anderen abgegrenzt wird." Ebd. S. 48.
[110] Ebd. S. 45.
[111] „Staupitz geht soweit, unter Natur, dem natürlichen Sein, das der gefallenen Schöpfung zu sehen." Ebd.
[112] Dieser menschlichen Natur verfügt nicht über die Tugenden Glaube, Liebe und Hoffnung verfügt und ihr fehlt die rechte Gotteserkenntnis. Vgl. Ebd. S. 49.
[113] Ebd. S. 76.
[114] Auch hier bleibt eine gewisse Schwierigkeit in der Verwendung des Begriffes bei Staupitz. So wandte er sich von der habitus-Theorie ab, die in seinen frühen Schriften noch zu finden ist. Vgl. STEINMETZ, *Reformers in the wings*, S. 20. Daher „ist eine Antwort auf die Frage, welchen systematischen Ansatz der Gnadenlehre er den Vorzug gibt, letztlich nicht möglich: Staupitz stößt mit seiner Verdienstlehre in gewisser Weise an die Grenzen der vorgegebenen scholastischen Denkmuster." WRIEDT, *Gnade und Erwählung*, S. 76.
[115] Vgl. WRIEDT, *Gnade und Erwählung*, S. 48.
[116] Ebd. S. 68. WRIEDT zeigt einen sehr engen Zusammenhang zwischen Barmherzigkeit und Gnade bei Staupitz auf. So bezeichnet er sie als Wechselbegriffe und die Gnade als inhaltliche Füllung des Begriffes Barmherzigkeit. Vgl. Ebd.
[117] Ebd., S. 84.

interessiert Staupitz sich weniger für das Wesen, als für die Wirkung der Gnade[118]. Diese sieht er darin, dass sie die Gottesliebe (*amor dei*) eingießt und vermehrt[119].

„Zusammenfassend läßt [sic.] sich sagen: Die Gnade ist sowohl die Begründung wie die Vermittlung als auch das vermittelte Gut, welches den Sündern in den Stand des Gerechten und damit in den Heilsprozeß [sic.] mit dem Ziel der Heiligung und Aufnahme in die Gottesgemeinschaft hineinversetzt."[120]

Die angesprochene *amor dei* (Gottesliebe)[121] ist von der *amor sui* (Selbstliebe) zu unterschieden. Grundsätzlich bezeichnet Staupitz mit *amor* „vorzugsweise das affektive Streben des Menschen. Es kann sowohl auf Gott [...] bzw. göttliche Normen [...] hin ausgerichtet sein wie auch gerade entgegengesetzt orientiert sein"[122]. Der Mensch ohne Gnade ist in der *amor sui* gefangen[123], die die „Grundstruktur des Sünderseins ist"[124]. Erst die Gnade gießt die *amor dei* ein und vermehrt diese[125]. „Nicht mehr die Liebe zu sich selbst (*amor sui*), sondern die Liebe zu Gott wird das bestimmende Moment menschlicher Willensentscheidung."[126] Die *amor dei* schafft den Gehorsam gegen Gottes Gebot[127].

„Die Liebe oder ihre Verkehrung als Konkupiszenz dokumentiert in der Lebensgestaltung des Geschöpfs, wer das Herz des Menschen beherrscht. Im Herzen entscheidet sich, ob sein *esse* ein *bene esse* ist, das zur Seligkeit gereicht"[128].

Das *esse* meint also ein Sein im Unterschied zum *bene esse* (Gut-Sein) der Schöpfung[129]. Während der Mensch vor dem Sündenfall in einem Zustand des *bene esse* war[130], verlor er diesen durch den Versuch der Unabhängigkeit von Gott und dem

---

[118] Vgl. Ebd. S. 76.
[119] Vgl. Ebd. S. 77.
[120] Ebd. S. 69.
[121] Die *amor dei* nimmt eine Zentralstellung im Mittelalter ein. Vgl. HAMM, *Der frühe Luther*, S. 8.
[122] Ebd. S. 180, Anmerkung 57.
[123] Vgl. Ebd. S. 73. So formuliert STEINMETZ: „The problem is, rather, that the human will is the prisoner of its own self-love and cannot release itself from that bondage. This misdirected love has worked havoc in the human soul." STEINMETZ, *Reformers in the wings*, S. 18.
[124] Christine AXT-PISCALAER, Art. *„Sünde"*, in: Friedrich Wilhelm Horn, Friederike Nüssel (Hgg.), Taschenlexikon Religion und Theologie, Bd. 3, Göttingen [5]2008, S. 1136.
[125] Vgl. WRIEDT, *Gnade und Erwählung*, S. 77.
[126] Ebd. S. 173.
[127] Vgl. Ebd. S. 84.
[128] Ebd. S. 52.
[129] Vgl. Ebd. S. 44, 77.
[130] Vgl. Ebd. S. 45.

damit verbundenen Verlust des Zentrums seiner selbst (Gott)[131]. Erst durch die Gnade wird „das Gut-Sein des Menschen, sein freier Wille, restituiert“[132].

Diesen wahrhaft freien Willen versteht Staupitz gerade in der Entscheidung zum Gehorsam gegen Gottes Willen (dem er die Entscheidung für das eigene Werk im Zustand des *esse* gegenüberstellt)[133]. Vor dem Sündenfall kam der Mensch diesem Gehorsam nach[134]. Durch sein hybrides Erkenntnisstreben verlor er jedoch diese urständliche Möglichkeit zur Konformität, die er erst durch das Christusereignis und den Gnadenstand wiedererlangen kann[135]. Für diesen Gehorsam und der damit verbundenen Erfüllung der Forderung des Gotteslobes verwendet Staupitz den Begriff *conformitas*[136]. Doch der Begriff *conformitas* umfasst noch mehr als nur den Willen: Vielmehr versteht Staupitz darunter „jene innere und äußere Gleichsetzung nach dem Vorbilde Christi, die sich in der Einigkeit der Bewegungen des Willens, des Herzens und des Geistes niederschlägt (§153).“[137] Sie gilt es mit Fleiß zu erwerben[138], jedoch führt letztlich der Heilige Geist den Menschen zur *conformitas*[139]. Die Verwendung dieses Terminus ist im Spätmittelalter häufig belegt[140] und bezeichnet bei Staupitz „primär die konkrete Nachfolge und Lebensgestaltung.“[141]

Damit der Mensch sich diesem Gehorsam unterstellen kann, „spricht Gott ihn durch die Schrift an, spendet seine Gnade, durch die Christus selbst Wohnung im Herzen nimmt und dieses mit allen seinen Affekten allein auf Gott hin orientiert.“[142]

---

[131] Vgl. Ebd. S. 89.
[132] Ebd. S. 45. An anderer Stelle schreibt WRIEDT, dass die Funktion der Gnade für Staupitz „in der Umstrukturierung des Seins (esse) in ein Gut-Sein (bene esse) [besteht].” Ebd. S. 77. Siehe auch S. 49.
[133] Vgl. STAUPITZ, *Libellus*, §§170–173; Vgl. WRIEDT, *Gnade und Erwählung*, S. 79, Anm. 47.
An anderer Stelle formuliert WRIEDT: „Es geht nicht um die vermeintliche Freiheit autonomer Entscheidungen, sondern um die Paradox anmutende Tatsache, daß [sic.] christliche, von Staupitz immer auch als wahre verstandene Freiheit nur in der völligen Selbstaufgabe zugunsten göttlicher Fremdbestimmung gewonnen werden kann.“ Ebd. S. 103.
[134] Vgl. Ebd. S. 89.
[135] Vgl. Ebd.
[136] Vgl. Ebd. S. 50. *Conformitas* also als „ein Gehorsam, wie ihn Christus vorgelebt hat“. Vgl. Ebd. S. 74.
[137] Vgl. Ebd. S. 82, Anm. 60.
[138] Vgl. Ebd. S. 84.
[139] Vgl. Ebd. S. 47.
[140] Vgl. Ebd. S. 147.
[141] Ebd. Einen ausführlicheren Überblick zum Begriff *conformitas* bietet WRIEDT. Vgl. Ebd. S. 147–151.
[142] Vgl. Ebd. S. 53. Zur Wohnungnahme im Herzen siehe auch Ebd. S. 52f, 73, 111 und 177.

Es kommt durch die Wohnungnahme zu einer Lebensgemeinschaft mit Christus (*convivium*), die ihre vollkommene Gestalt zwar erst nach dem Urteil Gottes findet, aber hier schon in Grundzügen erfahrbar wird[143]. „Auffällig ist in diesem Zusammenhang die deutliche Bevorzugung des Ausdrucks convivium statt coena [...], mit dem Staupitz stärker die eschatologische Lebensgemeinschaft als die Mahlgemeinschaft betont."[144] Der Begriff *convivium*, den Staupitz für die diesseitige und jenseitige Lebensgemeinschaft mit Christus verwendet, hat für ihn eine deutlich mystische Bedeutung[145].

„Durch die Rechtfertigung wird die Erfahrung des Herzensfriedens möglich, der freilich seine vollkommene Gestalt erst in der beseligenden Gemeinschaft (convivium) nach dem Urteil Gottes findet."[146] Die Rechtfertigung des Sünders sieht Staupitz in „der Liebesbeziehung beider Partner"[147] (gemeint sind Gott oder Christus und der Christ), die er als Prozess versteht (sodass die Liebe gerade auch das Ziel der Rechtfertigung ist)[148]. Verankert ist das Rechtfertigungsgeschehen christologisch[149]. Begrifflich verwendet Staupitz in seiner lateinischen Fassung den Ausdruck *gratia gratum faciens* für die Rechtfertigung[150], den er aber gegenüber der Scholastik

[143] Vgl. Ebd. S. 54, S. 81f, Anm. 60

[144] Ebd. S. 81f, Anm. 60. Zur Mahlgemeinschaft siehe Ebd. S. 155–160.

[145] Vgl. Ebd. S. 156f.

[146] Vgl. Ebd. S. 54.

[147] Ebd. S. 54, 120.

Ausführlicher zur Rechtfertigung schreibt STEINMETZ: „Staupitz's stress on the initiative of God in predestination led him to redefine the doctrine of justification. The entire scholastic tradition, and not simply the nominalists, defined justifying grace as the grace that makes sinners pleasing to God. This definition seemed Staupitz to mirror inadequately the nature of God's act. It is not justification but predestination that makes sinners pleasing to God. The function of the grace given in justification is to make God pleasing to sinners. Justification is simply the fruition in time of a sovereign decree of election made before time. When God chose the elect, God places Jesus Christ under obligation to give justification to them through his work as mediator. The function of the mediatorial work of Jesus Christ is, therefore, not to make men and women dear to God, but rather to make God dear to them. The elect are the beneficiaries of a covenant initiated and fulfilled by God in Jesus Christ. Justification can also be defined as the restoration of the ability to praise God. There was no doubt in Staupitz's mind that the elect would be justified. [...] The calling of the elect, their justification, their restoration to conformity to Christ, and their final glorification are all covenanted mercies of God given unconditionally to the elect." STEINMETZ, *Reformers in the wings*, S. 19.

[148] Vgl. WRIEDT, *Gnade und Erwählung*, S. 114, Anm. 104.

[149] Vgl. Ebd. S. 30 und 118.

[150] Vgl. Ebd. S. 82, Anm. 60.

umdeutet zu einer Gnade, die Gott dem Menschen angenehm macht und nicht umgekehrt[151].

Abschließend gehe ich in diesem Kapitel nun noch auf den Begriff *praedestinatio* (Vorherbestimmung) ein. Staupitz versteht darunter „das gesamte Geschehen vom unbedingten Ratschluß [sic.] Gottes bis hin zur Aufnahme des Erwählten in die beseeligende Gottesgemeinschaft"[152].

„For Staupitz [...] predestination was a gracious and mysterious act of God, which was not motivated by God's prior knowledge of human activity and which could not, no matter how assiduously one attempted to do it, be reduced to a simple rational intelligibility. Human salvation begins with and rests at every point on the act of divine election."[153]

Die Prädestinationslehre bildet laut WRIEDT das „Herzstück der Überlegungen von Staupitz"[154]. Die zentrale Stellung Gottes, die auch im STEINMETZ-Zitat deutlich wird, lässt die Frage nach einer doppelten Prädestination aufkommen, also nach einer Vorherbestimmung zum Heil und einer Vorherbestimmung zur Trennung von Gott. Diese suchte Staupitz laut WRIEDT zu vermeiden bzw. stellte sie sich ihm aufgrund der Lehrentscheidungen des Mittelalters nicht[155].

---

[151] Vgl. STAUPITZ, *Libellus*, § 36; WRIEDT, *Gnade und Erwählung*, S. 120; STEINMETZ, *Reformers in the wings*, S. 19. Zur Rechtfertigung s. außerdem WRIEDT, *Gnade und Erwählung*, S. 114–120 und 174, Anm. 16, sowie S. 176 und 184; HAMM, *spätmittelalterlicher Reformer und ‚Vater' der Reformation*, S. 27.
Weitere Literatur zum Terminus gratia gratum faciens: WRIEDT, *Gnade und Erwählung*, S. 78–80.

[152] Ebd. S. 106. Im Unterschied zum Begriff *electio*, der sich „nur auf den Akt der Auswahl und dabei auch nur auf die Erwählung zum Heil [bezieht]". Ebd.

[153] STEINMETZ, *Reformers in the wings*, S. 19.

[154] WRIEDT, *Gnade und Erwählung*. S. 98.

[155] Vgl. Ebd. S. 106f.

2.5. Theologische Kontextualisierung

„Die Konkurrenz der Konfessionen im gleichen geographischen Raum zwingt dazu, das eigene exklusiv zu bestimmen, es zu normieren und zu uniformieren. Die Pluralität im Eigenen, wie es zum Beispiel noch gute Tradition in der mittelalterlichen Kirche war, wird im konfessionellen Zeitalter zu einer Einheitsidentität und -ideologie reduziert."[156]

Im Folgenden Kapitel versuche ich einen kurzen Überblick über die Theologie um 1500 zu geben, wobei ich auf ausführlichere Literatur verweise. Dabei versuche ich die Vielfältigkeit aufzuzeigen und widme mich kurz einzelnen Schlagworten[157].

Zentral scheint mir zunächst deutlich zu machen, dass die Theologie innerhalb der katholischen Kirche vor der *Reformation* vielfältiger war[158] – BLUM spricht von den „Pluralisierungstendenzen des späten Mittelalters."[159] Es gab zwar auch zuvor bereits verschiedene christliche Konfessionen (orthodox und katholisch), doch erst die Reformation führte zu verschiedenen Konfessionen auf dem gleichen geografischen Raum[160]. Dies führte auf beiden Seiten dazu, sich klar zu positionieren und auf diese Weise abzugrenzen, sodass die Vielfalt der theologischen Überzeugungen innerhalb der katholischen Kirche geringer wurde[161].

Neben dem bereits genannten Stichwort der Reformation sind *Renaissance* und *Humanismus* wichtige Schlagworte für das 16. Jahrhundert (auch wenn ihre Entwicklungen bereits vor dem 16. Jahrhundert beginnen). Beide Begriffe stehen für

---

[156] Johanna RAHNER, *Einheit und Vielfalt als Folge der Reformation und ekklesiologisches Problem*, in: Günter Frank, Volker Leppin, Herman J. Selderhuis (Hgg.), Wem gehört die Reformation? Nationale und konfessionelle Dispostionen der Reformationsdeutung, Freiburg, Basel, Wien 2013, S. 182.
[157] Die Schlagworte setze ich in diesem Kapitel *kursiv*.
[158] Vgl. Christoph BURGER, *Religiosität*, in: Albrecht Beutel (Hg.), Luther Handbuch, Tübingen ²2010, S. 38f; HAMM, *Der frühe Luther*, S. 14; Thomas KAUFMANN, *Die Sinn- und Leiblichkeit der Heilsaneignung im späten Mittelalter und in der Reformation*, in: Johanna Haberer, Berndt Hamm (Hgg.), Medialität, Unmittelbarkeit, Präsenz. Die Nähe des Heils im Verständnis der Reformation, Tübingen 2012, S. 12, 15; RAHNER, *Einheit und Vielfalt als Folge der Reformation und Ekklesiologisches Problem*, S. 182.
[159] BLUM, *Der Katholische Luther*, S. 32.
[160] Vgl. RAHNER, *Einheit und Vielfalt*, S. 182.
[161] Vgl. Ebd. S. 182f.

eine Hinwendung zur glorifizierten Antike, und einer damit verbundenen neuen Rezeption der Texte antiker Autoren auf Hebräisch, Griechisch oder Latein. Hinzu kam, dass der Humanismus Bildung nicht als klerikales Privileg ansah[162], was vor allem in den Städten zu neuen Ansprüchen wie der wachsenden Bedeutung der *Predigt* führte[163]. Für die Theologie beginnt der Umbruch jedoch bereits im 12. Jahrhundert und zwar in mehrfacher Hinsicht: Es entwickelte sich „sowohl eine neue Intellektualität der Glaubensbegründung als auch eine neue Gefühlsinnerlichkeit der Liebe einschließlich ihrer Bußaffekte Demut und Hoffnung“[164]. So kam einerseits die streng logisch orientierte *Scholastik* auf[165], verbunden mit einer *Augustinrenaissance* (eine erneute Augustinrenaissance gab es nach dem 12. Jahrhundert auch wieder um 1500)[166] und andererseits eine *demütig anbetende Theologie*[167]. Letztere steht für eine starke Souveränität Gottes, in dessen Tradition sich auch die *Mystik*[168] und eine (soteriologische) *Zentralstellung der Gottesliebe* entwickelt, die auch im Spätmittelalter noch Bestand hat[169].

Im universitären Kontext konkurrieren die *Via antiqua* und die *Via moderna* miteinander. Während die Via antiqua in der Tradition der Scholastik steht, ging es der Via moderna in der Tradition der demütig anbetenden Theologie um die Verteidigung der Souveränität Gottes[170]. Insbesondere in Bezug auf die Via antiqua spricht HAMM

---

162 Vgl. Peter WALTER, Art. *„Humanismus“*, in: Klaus Ganzer, Bruno Steimer (Hgg.), Lexikon der Reformationszeit, Freiburg, Basel, Wien 2002, Sp. 355.
163 Vgl. WEIß, *Katholische Reform und Gegenreformation*, S. 23; KAUFMANN, *Sinn- und Leiblichkeit der Heilsaneignung*, S. 21f.
164 HAMM, *Der frühe Luther*, S. 73; Vgl. auch Ebd. S. 1–3.
165 Vgl. Herbert VORGRIMLER, Art. *„Scholastik“*, in: ders. (Hg.), Neues Theologisches Wörterbuch, Freiburg, Basel, Wien 2000, S. 553.
166 Vgl. HAMM, *Der frühe Luther*, S. 3, 17.
167 Vgl. Ebd. S. 5.
168 Auf die Definitionsproblematik zum Begriff Mystik möchte ich an dieser Stelle nur hinweisen, da eine Beschäftigung mit ihr für mein Anliegen einer Theologischen Kontextualisierung zu weit führen würde.
Zur Mystik siehe Kurt RUHs vierbändigen Mystikklassiker: Kurt RUH, *Geschichte der abendländischen Mystik*. Außerdem: Berndt HAMM, *„Gott berühren“: Mystische Erfahrungen im ausgehenden Mittelalter. Zugleich ein Beitrag zur Klärung des Mystikbegriffs*, in: Berndt Hamm, Volker Leppin, Heidrun Munzert (Hgg.), Gottes Nähe unmittelbar erfahren. Mystik im Mittelalter und bei Martin Luther, Tübingen 2007 (Spätmittelalter und Reformation. Neue Reihe, Bd. 36), S. 111–137; Volker LEPPIN, *Die christliche Mystik*, München 2007. und das Themenheft *Gott erfahren. Mystik in Christentum, Judentum und Islam*, der Zeitschrift: Welt und Umwelt der Bibel. Archäologie, Kunst, Geschichte 21, 3 (2016).
169 Vgl. HAMM, *Der frühe Luther*, S. 3f, 8, 15f und 73.
170 Vgl. BLUM, *Der katholische Luther*, S. 20f; DECOT, *Geschichte der Reformation in Deutschland*, S. 37f.

von einer „Polarität zwischen einer intellektualisierten Religion des Hörsaals und einer affektiven Religion des monastischen Gebets.“[171] Diese Pluralität zeigt sich um 1500 aber auch außerhalb der Universität: So gab es auf der einen Seite seit dem 13. Jahrhundert einen massiven *Sakramentalismus*[172], der sich beispielsweise ausdrückt in der Stiftung zahlreicher Messen[173] und einer *Hostienfrömmigkeit*, in der die Laien von Seitenkapelle zu Seitenkapelle gingen, um an möglichst vielen Elevationen (Erhebungen der gewandelten Gaben) teilzuhaben, ohne anschließend die gewandelte Hostie zu essen[174]. Die Wertschätzung des *Ablasswesens* und der *Reliquienverehrung* eines Teils der Bevölkerung drückt folgendes Zitat aus: „Im Spätmittelter wurden R. [Reliquien, J.T.] unter großen Kosten erworben; die Verehrung mit Ablässen gefördert.“[175] So „ist das späte 15. Jahrhundert alles in allem als ‚*eine der kirchenfrömmsten Zeiten des Mittelalters*‘ (B. MOELLER) zu betrachten.“[176] Parallel dazu ist jedoch auch eine Zunahme des *Antiklerikalismus*[177] und der *Ruf nach (biblisch fundierten) Reformen* zu vernehmen[178].

---

[171] HAMM, *Der frühe Luther*, S. 72.
[172] Vgl. Ebd. S. 13.
[173] Vgl. BURGER, *Religiosität*, S. 38; [173] DECOT, *Geschichte der Reformation in Deutschland*, S. 34f.
[174] Vgl. BURGER, *Religiosität*, S. 35.
[175] Herbert VORGRIMLER, Art. *„Reliquien“*, in: ders. (Hg.), Neues Theologisches Wörterbuch, Freiburg, Basel, Wien 2000, S. 537.
[176] BURGER, *Religiosität*, S. 38; Siehe auch: DECOT, *Geschichte der Reformation in Deutschland*, S. 33.
[177] Vgl. BURGER, *Religiosität*, S. 38.
[178] Vgl. POSSET, *The Front-Runner of the Catholic Reformation*, S. 3; DECOT, *Geschichte der Reformation in Deutschland*, S. 16.

3. Theologie Johanns von Staupitz

3.1. Theologie Johanns von Staupitz

„Das Kampffeld der Lehr-‚Wege‘ mied er und wandte sich vom scholastischen Diskurs ab. Unter dem Leitgestirn der humanistisch neu erschlossenen Werke Augustins bediente er sich, eigenwillig auswählend und komponierend, unterschiedlicher patristischer, monastischer, scholastischer und mystischer Quellen, um sein praktisch-seelsorgerliches Ziel zu erreichen.“[179]

Staupitz ist als ein durchaus eigenständiger Reformtheologe zu betrachten[180]. Er vertritt eine verinnerlichte Theologie[181] mit einer Reserve gegenüber den klassischen Schultheologien[182] und dem äußeren Kirchenwesen[183]. So spielte der Papst bei Staupitz überhaupt keine Rolle[184], auch wenn seine Sicht des göttlichen Erbarmens eine Duldung des Papsttums einschloss[185]. Auch in Bezug auf Ablass und Sakramente nahm Staupitz eine kritische Haltung ein: Er lehnte sie nicht ab, aber ihre Bedeutung trat für ihn zurück, da er tiefere Gründe für eine subjektive Heilsgewissheit suchte[186].

Der Ausgangspunkt seines Denkens ist Gott[187] und den Ausgangspunkt seiner Gotteslehre nimmt die Christusoffenbarung ein[188]. Insgesamt kann sein Denken als christuszentriert angesehen werden[189]. Durch das Christusereignis zeigt sich Gott nicht

[179] HAMM, *Staupitz*, S. 123.
[180] Vgl. Graf zu DOHNA, *Staupitz und Luther*, S. 105; SCHWARZ, *Luther*, S. I 20; STEINMETZ, *Reformers in the wings*, S. 21; Theo M.M.A.C. BELL, *Foreword*, in: Franz Posset (Hg.), The Front-Runner of the Catholic Reformation. The Life and Works of Johann von Staupitz, Aldershot, Burlington 2003 (St. Andrews studies in Reformation history), S. XIII.
[181] Vgl. GÜNTER, *Johann von Staupitz*, S. 21; WRIEDT, *Gnade und Erwählung*, S. 84; WRIEDT, *Seelsorgerliche Theologie am Vorabend der Reformation*, S. 10; HAMM, *Staupitz*, S. 123f.
[182] Vgl. WRIEDT, *Gnade und Erwählung*, S. 54, Anm. 64 und S. 70.
[183] Vgl. HAMM, *spätmittelalterlicher Reformer und ‚Vater‘ der Reformation*, S. 28; HAMM, *Staupitz*, S. 123; BLUM, *Der katholische Luther*, S. 26.
[184] Vgl. Graf zu DOHNA, *Staupitz und Luther*, S. 109.
[185] Vgl. BLUM, *Der katholische Luther*, S. 30.
[186] Vgl. GÜNTER, *Johann von Staupitz*, S. 21 und 23; WRIEDT, *Gnade und Erwählung*, S. 70 und 74; HAMM, *spätmittelalterlicher Reformer und ‚Vater‘ der Reformation*, S. 28. So ordnet Staupitz den sieben Sakramenten jeweils eine Gefährdung zu. Vgl. WRIEDT, *Gnade und Erwählung*, S. 86.
[187] Vgl. Graf zu DOHNA, *Staupitz und Luther*, S. 101.
[188] Vgl. WRIEDT, *Gnade und Erwählung*, S. 34.
[189] Vgl. LEPPIN, *Martin Luther*, S. 74–76; BLUM, *Der katholische Luther*, S. 26–29; LEPPIN, *Die fremde Reformation*, S. 15.

nur als der Gerechte, sondern auch als der Barmherzige[190]. Diese Barmherzigkeit Gottes nimmt eine zentrale Stellung im Denken des Staupitz ein[191] und mit ihr verbunden ist eine große Hoffnungsperspektive[192]. Diese wiederum, die in der Thematik persönlicher Heilserlangung eine, wenn nicht sogar die zentrale Stelle einnimmt[193], versucht Staupitz in einer seelsorgerlichen Theologie[194] zu vermitteln. Im Zentrum steht für Staupitz der Trost des Angefochtenen[195], welchen er – entsprechend seiner seelsorgerlichen Theologie – primär über Predigten und religiöse Traktate vermittelt[196]. Genau dies ist jedoch der Grund, weshalb WRIEDT immer wieder davor warnt, Staupitz in eine Systematik einzuordnen[197]. Dies entspricht nicht primär dem Anliegen von Predigten und außeruniversitären Traktaten. Dennoch schließen diese Gattungen eine Systematik meiner Ansicht nach nicht völlig aus – vielmehr ist für eine einzelne Predigt, eine zusammenhängende Predigtreihe oder ein einzelnes Traktat eine dahinterliegende Systematik auch für den Verfasser sinnvoll, um verstanden zu werden. Die Quellengattungen können jedoch als Grund angesehen werden, weshalb entsprechende Versuche wie von WOLF und STEINMETZ[198] und auch mein Anliegen eine Systematik herauszuarbeiten in gewisser Weise methodisch problematisch sind[199].

Dieses seelsorgerliche (und daher nicht primär systematische) Interesse erklärt die bereits im Eingangszitat in dieses Kapitel aufgezeigte Vielfalt der Traditionen, in die Staupitz sich stellt. So zeigt er sich als ein Vertreter eines radikalen

---

[190] Vgl. WRIEDT, *Gnade und Erwählung*, S. 44f, 58.
[191] Vgl. HAMM, *Johannes von Staupitz*, Sp. 538f.; HAMM, *Staupitz*, S. 123f; WRIEDT, *Staupitz (LdR)*, Sp. 723; BLUM, *Der katholische Luther*, S. 26.
[192] Vgl. WRIEDT, *Gnade und Erwählung*, S. 54; HAMM, *Staupitz*, S. 124.; BLUM, *Der katholische Luther*, S. 27.
[193] Vgl. HAMM, *Staupitz*, S. 123f; BLUM, *Der katholische Luther*, S. 26.
[194] Vgl. WRIEDT, *Gnade und Erwählung*, S. 120; POSSET, *The Front-Runner of the Catholic Reformation*, S. 4.
[195] Vgl. WRIEDT, *Gnade und Erwählung*, S. 67, 88 und 90.
[196] Vgl. GÜNTER, *Johann von Staupitz*, S. 21.
[197] Vgl. WRIEDT, *Gnade und Erwählung*, S. 88; Siehe auch: POSSET, *The Front-Runner of the Catholic Reformation*, S. 2.
[198] Vgl. SCHWARZ, *Luther*, S. I 20; HAMM, *spätmittelalterlicher Reformer und ‚Vater' der Reformation*, S. 25f.
[199] So schreibt WRIEDT: „Staupitz sucht „nicht die theologisch-systematische Auseinandersetzung, sondern verfolgt ein an den Bedürfnissen seiner Hörerschaft, besonders der Nürnberger und Salzburger Gemeinde orientiertes Konzept." WRIEDT, *Gnade und Erwählung*, S. 199.

Augustinismus[200], zu der auch seine antipelagianische Grundtendenz[201] und seine Theologie der Erwählung[202] passen. In der älteren Forschung wurde Staupitz (von KOLDE und WOLF) als ein Thomist gesehen[203], für andere wie STEINMETZ rückt er in die Nähe der skotistisch-nominalstischen Lehre[204]. Ohne selbst ein Humanist zu sein, war er dem zeitgenössischen Humanismus aufgeschlossen[205]. Dazu wiederum passt seine starke Bibelorientierung[206]. Außerdem zeigt er eine Nähe zur Mystik[207], insbesondere der brautmystischen Sprache[208]. Er war ein Vertreter einer Spiritualität und Theologie der Gelassenheit[209]. Aufgrund dieser Vielfalt der Traditionen formuliert BLUM: „Staupitz repräsentierte genau diese Weite – oder je nach Betrachtung: Unentschiedenheit – des späten Mittelalters, mit der Luther, seine Anhänger und seine Gegner brachen."[210] Insgesamt scheint Staupitz mit dieser eigenständigen Theologie (die der interiorisierenden Frömmigkeitstheologie zugerechnet wird[211]) sehr

---

[200] Vgl. Berndt HAMM, *Wollen und Nicht-Können als Thema der spätmittelalterlichen Bußseelsorge*, in: ders., Thomas Lentes (Hgg.), Spätmittelalterliche Frömmigkeit zwischen Ideal und Praxis, Tübingen 2001 (Spätmittelalter und Reformation, Neue Reihe 15), S. 135; HAMM, *Der frühe Luther*, S. 17.

[201] Vgl. WRIEDT, *Gnade und Erwählung*, S. 118, 174 und insbesondere S. 202f, Anm. 103 und Anm. 111 und S. 212f.

[202] Vgl. David Curtis STEINMETZ, *Misericordia Dei. The Theology of Johannes von Staupitz in its late medieval setting*, Leiden 1968 (Studies in Medieval and Reformation Thought, Vol. IV.), S. 60, Anm. 2. Siehe auch: WRIEDT, *Gnade und Erwählung*, S. 145.

[203] Vgl. STEINMETZ, *Luther and Staupitz*, S. 10f; WRIEDT, *Gnade und Erwählung*, S. 190–197; HAMM, *spätmittelalterlicher Reformer und ‚Vater' der Reformation*, S. 25.

[204] Vgl. WRIEDT, *Gnade und Erwählung*, S. 198–206; HAMM, *spätmittelalterlicher Reformer und ‚Vater' der Reformation*, S. 25.

[205] Vgl. POSSET, *The Front-Runner of the Catholic Reformation*, S. 163.

[206] Vgl. Graf zu DOHNA, *Staupitz und Luther*, S. 102 und 105; WRIEDT, *Gnade und Erwählung*, S. 187–190; WRIEDT, *Staupitz (LdR)*, Sp. 723.

[207] Vgl. WRIEDT, *Gnade und Erwählung*, S. 55. WRIEDT macht allerdings auch darauf aufmerksam vorsichtig zu sein „gegenüber einer vorschnellen Etikettierung ‚mystische Theologie'". Ebd. S. 51. Hilfreich könnte hier auch die Unterscheidung zwischen Mystikern und Mystagogen sein: Unter Mystagogen sind dann jene Autoren theoretischer oder philosophischer Mystik zu verstehen, die entsprechende Erfahrungen analysierten oder lehrten, im Gegensatz zu den erlebenden Mystikern. Vgl. Peter DINZELBACHER, *Mystikerinnen und Mystiker im Mittelalter. Gott erfahren – mit Leib und Seele*, in: Welt und Umwelt der Bibel. Archäologie, Kunst, Geschichte 21, 3 (2016), S. 50. Staupitz wäre demnach ein Mystagoge einer konsequenten Abstiegs-Mystagogie (das bedeutet, dass der Mensch aus sich selbst heraus nicht aufsteigen kann zu Gott).

[208] Vgl. WRIEDT, *Gnade und Erwählung*, S. 63, 70 und 210; Volker LEPPIN, *5. Mystik*, in: Albrecht Beutel (Hg.), Luther Handbuch, Tübingen ²2010, S. 58f.

[209] Vgl. Graf zu DOHNA, WETZEL, *Einführung in die Staupitz-Gesamtausgabe*, S. 7; HAMM, *spätmittelalterlicher Reformer und ‚Vater' der Reformation*, S. 30; BLUM, *Der katholische Luther*, S. 28 und 30.

[210] BLUM, *Der katholische Luther*, S. 32.

[211] Vgl. Ebd. S. 26; Ein Überblick über Frömmigkeitstheologie bietet: Berndt HAMM, *Religiosität im späten Mittelalter. Spannungspole, Neuaufbrüche, Normierungen*, Tübingen 2011 (Spätmittelalter, Humanismus, Reformation. Studies in the Late Middle Ages, Humanism and the Reformation, Bd. 54). – insbesondere der zweite Teil zur Religiosität als Frömmigkeitstheologie ist in dieser Hinsicht interessant.

erfolgreich gewesen zu sein, sowohl bei den Theologen in Wittenberg[212], als auch in Nürnberg, wo eine Soliditas Staupitziana gegründet wurde[213]. Ein Schema dieser Theologie, das ich im Zuge der Arbeit erstellt habe, findet sich im Anhang dieser Arbeit[214].

3.2. Verortung der Sündenlehre in der Theologie des Staupitz

„Die Sündenlehre ist für Staupitz nur in Bezug auf die Rechtfertigungs- und Erlösungslehre zu verstehen. Ihr kommt nurmehr funktionaler Charakter und keine eigenständige Bedeutung im Kontext dogmatischer Lehraussagen zu."[215]

Staupitz formuliert, dass die Gutheit des Menschen in seinem Gehorsam gegen Gott bestand, die er durch den Sündenfall verlor[216]. Die Sünde als das Böse und im klassischen Sinn die Abkehr von Gott verankert er also in der Schöpfungslehre und wendet sich dabei gegen die libido sciendi (die Notwendigkeit zu weiterem Fragen)[217]. Dennoch verankert er seine Sündenlehre weniger erkenntnistheoretisch[218].

> „Er greift vielmehr auf die ältere monastische Tradition zurück, wonach dem Menschen nicht mehr zu wissen gebührt, als ihm in der Offenbarung Gottes sichtbar gemacht wird. […] Die ungezügelte Neugier ist für Staupitz gleichbedeutend damit, so sein zu wollen, wie Gott ist, also der Ausdruck hybrider Selbstüberschätzung des Menschen. Gleichwohl ist das monastisch-nominalistische Konzept in der Sündenlehre existentiell aufgebrochen."[219]

Entsprechend seiner seelsorgerlichen Theologie bleibt er nicht bei dogmatischen Gedanken über die Sündenlehre im Kontext der Schöpfung stehen, sondern stellt „die Not des Einzelnen, des von der Frage nach seinem Heil angefochtenen Mitchristen in das Zentrum seines theologischen Fragens."[220] Diese Frage nach dem Heil, die eine soteriologische ist, betrifft die Thematik der Sündenlehre in erheblichem Maße. So formuliert WRIEDT gar, dass Staupitz Sündenlehre nur in Bezug auf die

---

212 Vgl. LEPPIN, *Martin Luther*, S. 85.
213 Vgl. GÜNTER, *Johann von Staupitz*, S. 23f.
214 Vgl. den Anhang dieser Arbeit S. 42f.
215 WRIEDT, *Gnade und Erwählung*, S. 91.
216 Vgl. STAUPITZ, *Libellus*, §§ 29–31.
217 Vgl. WRIEDT, *Gnade und Erwählung*, S. 201 [zum Begriff libido sciendi S. 89, Anm. 5].
218 Vgl. Ebd. S. 201.
219 Ebd.
220 Ebd., S. 200.

Rechtfertigungs- und Erlösungslehre zu verstehen sei[221] und dass ihr „keine eigenständige Bedeutung im Kontext dogmatischer Lehraussagen zu[kommt].“[222] Insgesamt lässt sich in seiner Sündenlehre eine größere personale Betrachtungsweise feststellen[223]. Ähnlich wie eine Einordnung der Theologie des Staupitz in die Traditionslinien, scheint auch eine Verortung seiner Sündenlehre schwierig – möglich scheint sie mindestens in der Schöpfungslehre, der Soteriologie und erfahrungsbezogenen Aspekten. Am Ende des Kapitels 2.1. habe ich DZIEWAS mit der Aussage zitiert, dass der gewählte Zugang zur Thematik offengelegt werden muss für eine „theologische Rede von Sünde, die klar und eindeutig sein will“[224]. Ich möchte DZIEWAS an dieser Stelle gar nicht widersprechen – vielmehr scheint diese Eindeutigkeit, um die die systematische Sprache sich bemüht, von Staupitz nur bedingt erwünscht (um von den Zuhörern und Lesern seiner Predigt verstanden zu werden – aber nicht in einem streng theologisch-universitären Sinne). So formuliert WRIEDT, dass eine „eingehendere materiale Füllung des Begriffes ‚Sünde‘ bei Staupitz [fehlt]“[225], da für ihn die Gnade Gottes das letzte Wort bleibt[226] – und die Sündenlehre damit nur in Bezug auf die Rechtfertigungs- und Erlösungslehre zu verstehen sei[227].

3.3. Die Sündenlehre

„Die Schuld der unreinikeit besteet nit in antastung des leibs, sunder in verkerung der ordnung, darumb das die zeitlichen wollust fürgesetzt werden den ewigen.“[228]

Die Theologie des Staupitz wurde in der Forschungsliteratur und auch in dieser Arbeit als eine seelsorgerliche beschrieben und benannt. Dieser seelsorgerliche Ansatz ist zentral für das Verständnis seiner Sündenlehre. So ist auch die nun folgende

[221] Vgl. Ebd. S. 91.
[222] Ebd.
[223] Vgl. Ebd. S. 203.
[224] DZIEWAS, *Die Sünde der Menschen*, S. 32.
[225] WRIEDT, *Gnade und Erwählung*, S. 92.
[226] Vgl. Ebd.
[227] Vgl. Ebd. S. 91.
[228] STAUPITZ, *Libellus*, § 114.

Quellenanalyse die einer seelsorgerlichen Textsammlung – genauer gesagt einer Predigtsammlung.

Zunächst zur Quellenkritik: Grundlage der lateinischen und frühneuhochdeutschen Textgrundlage ist eine Predigtreihe, die Staupitz im Advent 1516 in Nürnberg hielt. Peter F. KRAMML machte in seinem Vortrag auf der Tagung *Staupitz, Luther und Salzburg in den Jahren 1517–1524* (bezogen auf Salzburg) darauf aufmerksam, dass der Stiftsprediger in der Advents- und Fastenzeit täglich zu predigen hatte. STAUPITZ hielt die Predigten auf Deutsch, brachte sie wahrscheinlich kurz nach ihrem Vortrag in eine lateinische Fassung, die von Scheuerl wiederum ins Frühneuhochdeutsche übersetzt wurde[229]. Überliefert sind uns die Lateinische Fassung und Scheuerls Übersetzung ins Deutsche. Die Verfasserschaft von Text und Übersetzung sind eindeutig zuzuordnen, die von Herausgeber und Drucker nicht[230]. Der lateinische Text ist also eine nachträgliche Verschriftlichung von Staupitz selbst, basierend auf den volkssprachlichen Predigten. Der frühneuhochdeutsche Text ist nicht die Predigt des Staupitz, sondern eine Übersetzung des lateinischen Textes[231]. Der deutsche Druck erschien am 19. Januar 1517, die lateinische Variante am 6. Februar 1517[232]. Die Standorte für die noch erhaltenen Erstdrucke im Jahr 1979 finden sich in der kritischen Edition[233]. Diese wurde herausgegeben von Lothar Graf zu DOHNA und Richard WETZEL und zeigt die beiden Sprachvarianten nebeneinander. Sie stellt die Arbeitsgrundlage für meine Analyse dar.

Sowohl die lateinische, als auch die frühneuhochdeutsche Variante, enthalten jeweils 24 Kapitel und insgesamt 257 Paragraphen einer seelsorgerlichen Theologie. Zusätzlich hat Scheurl abschließend einen kurzen Abschnitt auf Latein hinzugefügt[234]. Ein Kapitel der Quellen entspricht vermutlich „je einer Predigt, die – worauf auch die sehr ungleiche Länge der Kapitel hindeutet – im mündlichen Vortrag wesentlich

---

[229] Vgl. Graf zu DOHNA, ENDRISS, *Johann von Staupitz. Sämtliche Schriften II*, S. 25.
[230] Vgl. Ebd. S. 26.
[231] Vgl. Ebd. S. 6f und 25.
[232] Vgl. Ebd. S. 42, 305, Anm. 2 und 3.
[233] Vgl. Ebd. S. 43, Anm. 123.
[234] Vgl. Ebd. S. 306–309.

ausführlicher gewesen sein muß [sic.].“[235] Da die Texte sowohl auf Latein, als auch in der Volkssprache gedruckt wurden, stellen sowohl Theologen, als auch Laien die gedachten Rezipienten dar[236].

Nun komme ich zum Inhalt der Quelle: Die Schriften behandeln die Rechtfertigungs- und Erlösungslehre mit einem besonderen christologischen Akzent[237]. Staupitz selbst teilt seine Predigtsammlung in zwei Teile[238]: Kapitel I–XIV umfassen die thematischen Teile, „die für das Heil notwendig [...] und für dessen Erlangung notwendig zu glauben sind“[239] und die Kapitel XV–XXIV umfassen jene Teile, „in denen die Wirklichkeit des Geistes sich schon vor der Zeit der Seligkeit bekundet“[240]. Die Theologie des Libellus ist eine Theologie der Erwählung[241]. Eine ausführlichere Darstellung der Theologie des Staupitz habe ich bereits in Kapitel 3.1. gegeben. Im Folgenden spitze ich die Quellenanalyse daher auf das von mir gewählte Thema der Sündenlehre zu:

> „[...] Im anfang hat got den menschen gerecht und redlich erschaffen, einformig und gleich der bildnus Christi, welcher ein glanz der glori und ein figur des wesens gots ist. Er hat sich aber auß eigner wilkur manigfaltigen fragen eingeflochten, von dannen er erbermlich gefallen ist und felt, leider, on underlaß.“[242]

Die zitierte Textpassage lässt sich entgegen der Aussage von WRIEDT lesen, der formuliert, dass die Sünde (bei Staupitz) nicht aus der paradiesischen Freiheit des Geschöpfes entstanden sei[243]. Ich meine, dass die hier angesprochene wilkur als freier Wille in dieser Passage sehr wohl als Ausgangspunkt der Sünde(n) gelesen werden kann. WRIEDT bezieht sich für seine Aussage auf den §1 des *Libellus*, in dem Staupitz formuliert, dass Gott die Schöpfung gut, aber nicht als allerbeste geschaffen hat, da es ihr nicht geziemt so vollkommen wie Gott zu sein. Vielmehr bleiben die Geschöpfe

---

[235] Vgl. Ebd. S. 25; Siehe auch: WRIEDT, *Gnade und Erwählung*, S. 28.
[236] Vgl. Graf zu DOHNA, ENDRISS, *Johann von Staupitz. Sämtliche Schriften II*, S. 39f.
[237] Vgl. Ebd. S. 29.
[238] Vgl. Ebd. S. 39.
[239] Ebd.
[240] Ebd.
[241] Vgl. STEINMETZ, *Misericordia*, S. 60, Anm. 2. Dazu auch: WRIEDT, *Gnade und Erwählung*, S. 145.
[242] STAUPITZ, *Libellus*, § 29.
[243] Vgl. WRIEDT, *Gnade und Erwählung*, S. 45.

radikal abhängig von ihm. WRIEDT sieht hier außerdem eine Einschränkung des Sündenbegriffes: „Die Möglichkeit zur Sünde resultiert nicht aus der paradiesischen Freiheit des Geschöpfes, sondern aus einem bereits konstruierten Defekt. Indirekt wird Gott so zum Urheber der Sünde – ein Gedanke, den Staupitz in dieser Schärfe nicht reflektiert.“[244] Ich lese diese Stelle anders: Der Mensch bleibt bei Staupitz – so wie ich es im *Libellus* lese – immer radikal abhängig von Gott. Allerdings lese ich den konstruierten Defekt (von mir verstanden als Beschädigung oder Fehler) aus diesem Abschnitt nicht heraus, da eine mögliche Verbesserung des Zustandes diesem Verständnis nach keinen Defekt darstelle. Wird Defekt allerdings eher als Makel verstanden, könnte ich der Aussage einer defizitären Schöpfung zustimmen. Allerdings bleibe ich auch dann dabei, dass die Sünde für Staupitz erst durch den freien Willen des Menschen in die Welt kam. Somit kann Gott zwar weiterhin als indirekter Urheber der Sünde gesehen werden, allerdings aufgrund der Schöpfung eines Wesens mit einem freien Willen. So erkenne ich hier einen Zugang zur Sündenlehre über die Schöpfungslehre.

Durch den Sündenfall Adams stehen alle Menschen unter der Sünde und dienen ihr lachend[245] – ein Zustand, der erst durch die Gnade Gottes, durch das Christusereignis gewandelt werden kann (und nicht vom Menschen aus sich heraus)[246]. Sünde und Gnade werden von Staupitz gegenübergestellt: „Darumb vermag die sünd weniger schaden dann die gnad nutz sein.“[247] Doch auch die Sünde wirkt zum Guten und dient zur Seligkeit[248]. Den starken Fokus, den Staupitz auf die Reue legt[249], macht der § 67 deutlich: Dort bezieht Staupitz sich auf die Bibelstelle aus dem Evangelium nach Lukas 15, 7 – im Himmel sei mehr Freude über einen Buße tuenden Sünder, als über 99 Gerechte.

„[...] Die ursach ist nit weit, wann die freud uber den sünder ist gegründet in der barmherzikeit des allerhöchsten; die freud uber den gerechten ist in den werken und verdinstnusen des menschen fundirt.

[244] Ebd.
[245] Vgl. STAUPITZ, *Libellus*, § 32.
[246] Vgl. Ebd. §§ 4, 45f, 78–85, 94.
[247] Ebd. § 32.
[248] Vgl. Ebd. § 93.
[249] Vgl. Graf zu DOHNA, *Staupitz und Luther*, S. 104, 106; HAMM, *Der frühe Luther*, S. 54, Anm. 97.

[§ 68] Itzo sichst, wie gar billich die offnen sünder und gemeinen dirn uns furgeen in das reich der himel; sihest auch, warumb die sünde verhengt sein, das wir all gesündt haben und der glori bedürfen. [§69] Darumb erfolgt aus diesem allem, das die jenen kein gemeinschaft haben mit der breut, die ir in sünden nit gemeiner sein, die inen die gerechtikeit eignen, die sünder verschmehen, wann diese vertreuliche lieb ist die höchst barmherzikeit, die stracks felt auf die höchsten armselikeit und umb nichte mer sorgt dann umb die ausleschung der sünden."[250]

So gehört die Sünde zum Menschsein nach dem Sündenfall dazu. Besondere Freude herrscht eben gerade nicht über diejenigen, die wenig (oder nicht) sündigen, sondern über diejenigen, an denen die Barmherzigkeit Gottes deutlich wird. So stellt sich die Frage, ob das Unterlassen bestimmter Handlungen dann überhaupt sinnvoll ist – beispielsweise in Bezug auf eine gelebte Sexualität, die aus einer bestimmten Lesart des Neuplatonismus als negativ angesehen wurde. Dies bringt mich zur Zentralstelle für meine Arbeit:

„Die lieb Christi mag nit reinlicher, sueser, gerechtlicher, erlicher, nutzbarlicher und bestendiger eingebildet werden dann durch die zeichen, vermittelst dero braut und breutigam ir lieb an einander eröfnen, darumb das dodurch die unschuldig lieb der unschuldigsten, heilwertigsten lieb gezeugnus gibt. [§ 114] Ob dich aber bekümert, das die unerlich mer dann die heilige bulerei anzeigung der lieb gebiret, nim an die zeichen der lieb, schleus aus die laster des liebenden! **Die Schuld der unreinikeit besteet nit in antastung des leibs, sunder in verkerung der ordnung, darumb das die zeitlichen wollust fürgesetzt werden den ewigen.** [§ 115] [...] In inen selbst folgen sie der gutheit oder boßheit der lieb: wann so die lieb rein ist, sein auch die zeichen keusch; wo aber die lieb unrein ist, do sein auch die zeichen unrein. Von dannen werden die offenbarung der lieb des ewigen breutigams – itzo mit kussen, itzo mit halsen, itzo mit zunehung des nackenden zu der nackenden und dergleichen – in den reinen schriften keuschlich eroffnet, wiewol die von einem ieden, nach dem er zum guten oder bösen geneigt ist, außgelegt werden."[251]

Am Ende des Zitates ist Staupitz Verwendung der brautmystischen Sprache ersichtlich[252]. Meine These lautet, dass Staupitz keine sexuellen Praktiken per se als Sünde ansieht! Vielmehr sieht Staupitz den Menschen als von Gott abhängig an. Diese Abhängigkeit gewinnt – so meine ich – den entscheidenden Einfluss auf seine Sündenlehre: Handeln die Menschen aus der *amor sui* (Selbstliebe), aus einer ausschließlich diesseitigen Perspektive, so sind **alle** ihre Handlungen Sünde, da sie Gott, dem sie (wie im scholastischen Denken[253]) alles Schulden, ignorieren. Hat aber

---

[250] STAUPITZ, *Libellus*, §§ 67–69.
[251] Ebd. §§ 67–69.
[252] Vgl. WRIEDT, *Gnade und Erwählung*, S. 63, 70 und 210; LEPPIN, *Mystik*, S. 58f.
[253] Siehe dazu: Anselm von CANTERBURY, *Cur deus homo. Warum Gott Mensch geworden. Lateinisch und Deutsch*, Darmstadt 1993[5], Buch I, Kapitel XI.

Christus im Herzen des Menschen Wohnung genommen und es kommt zu einer Lebensgemeinschaft mit ihm (*convivium*), in deren Folge der Mensch eine Gleichförmigkeit nach dem Vorbilde Christi und dessen Leben anstrebt (*conformitas*); hat die Gnade des barmherzigen Gottes Einzug im Menschen erhalten, und lebt der Mensch folglich aus der *amor dei* (Gottesliebe), dann ist auch seine Sexualität keusch (nicht im Sinne von sexueller Enthaltsamkeit, sondern verstanden als eine Sexualität ohne Sünde). Ich lese sein Sündenverständnis also nicht als ein Sündenverständnis der Tat, sondern als ein intentionales Sündenkonzept.

Es folgt ein kurzer philologischer Einschub: Hinweisen möchte ich auch auf die lateinischen Begrifflichkeiten, die Staupitz in seinem Text verwendet und die Scheuerl mit Sünde übersetzt. Dies zeigt eine gewisse Bandbreite auf, die unter den Begriff fallen. Die bisherigen Aussagen zur Sünde stellen für mich die wesentliche Verständnisweise dar. Nun aber zu den lateinischen Begriffen: Staupitz verwendet (1) die Begriffe peccatum[254] und culpa[255] für den Bereich der Schuld, (2) delictum[256] für den Bereich des Vergehens und (3) inquitas[257] für den Bereich der Ungerechtigkeit (an den anderen Stellen, an denen inquitas vorkommt, übersetzt Scheuerl es auch mit ungerechtikeit).

[254] Vgl. STAUPITZ, *Libellus*, § 71.
[255] Vgl. Ebd. § 183.
[256] Vgl. Ebd. §§ 65, 228.
[257] Vgl. Ebd. § 75.

3.4. Die Ursünde

„Und als sie gehört het, das es was ein holz der wissenheit des guten und des bösen [gemeint ist der Baum der Erkenntnis in der zweiten Schöpfungserzählung, J.T.], do wolt sie gott nit untertenig sunder gleich sein, gieng in sich selbst, ubertrat das gebot und verlur die gehorsam."[258]

Die Ursünde besteht für Staupitz im hybriden Erkenntnisstreben des Menschen, das ein Streben nach Unabhängigkeit von Gott darstellt[259]. Dieser Sünde folgen alle anderen Sünden mit einer inneren Notwendigkeit nach, da Sünde für Staupitz den Bruch des Gottesverhältnisses darstellt (sie stellt ein peccatum radicale, eine Wurzelsünde dar, von der sich alle Einzelsünden ableiten lassen[260]). Dieses hybride Erkenntnisstreben, das er den Menschen attestiert, verweist auf eine kritische Haltung gegenüber menschlicher Erkenntnis bzw. dem, was Staupitz den Menschen an Erkenntnis zutraut. So ist es wohl auch zu verstehen, dass Staupitz gerade nicht die scholastischen Begrifflichkeiten verwendete in seinen späteren Schriften[261], da er wohl zu ihr insofern eine kritische Haltung einnahm, als sie in ihrer Denkweise das Verständnis enthält, alles über theoretische Erwägungen durchdenken zu können. Staupitz hingegen sieht beispielsweise die Erkenntnis Gottes allein mit Mitteln der Vernunft (wie es die scholastischen Gottesbeweise versuchen darzulegen) als nicht möglich an[262]. Aus dieser Ursünde leitete Staupitz, wenn ich dies richtig sehe, also eine deutlich erkenntniskritische Sichtweise ab – die auch sehr gut zu seiner Theologie passt: Staupitz als Vertreter einer seelsorgerlichen Theologie möchte keine abstrakt theologischen Erwägungen durchexerzieren. Er möchte den Menschen, denen er predigt und die seine Texte lesen, Trost spenden[263] und Zuversicht geben[264] und

---

[258] Ebd. § 31.
[259] Vgl. WRIEDT, *Gnade und Erwählung*, S. 49, 89 und 201.
[260] Vgl. LEPPIN, *Aristotelisierung, Immediatisierung und Radikalisierung*, S. 70.
[261] Vgl. Graf zu DOHNA, *Staupitz und Luther*, S. 101; WRIEDT, *Gnade und Erwählung*, S. 69; HAMM, *spätmittelalterlicher Reformer und ‚Vater' der Reformation*, S. 13; BLUM, *Der katholische Luther*, S. 22.
[262] Vgl. WRIEDT, *Gnade und Erwählung*, S. 47.
[263] Vgl. Ebd. S. 67, 88 und 90.
[264] Vgl. die Fußnoten 193–195.

verwendet deswegen wohl auch zunehmend das Format der Predigt und keine klassisch-universitären Textformate.

3.5. Zur Leiblichkeit in der Theologie des Staupitz

„Darumb werden die nit verdamet, die sein in Christo Jesu, die nit wandern [wandeln, LGzD und AE] nach dem fleisch,; wann got hat gesendet seinen sun in die gleichnus des fleischs der sünd [in die Ähnlichkeit mit dem sündhaften Fleisch, LGzD und AE], hat die sünd von der sünd verdamet. Hievor neulich hastu vermerkt, das die sünd von der sünd des christen in Christum verendert und Christi werden, der komen ist, nit im fleisch der sünd, sunder in ein gleichnus des fleischs der sünd.“[265]

Nun komme ich zum letzten Kapitel vor den Schlusszusammenfassungen. Das Eingangszitat in das Kapitel beschreibt, dass Christus nicht im Fleisch der Sünde auf die Welt gekommen ist, sondern in Ähnlichkeit zum Fleisch der Sünde. Hier zeigt sich nun also vielleicht doch eine latente Leibfeindlichkeit? Auch folgendes Zitat geht in diese Richtung und macht einen Dualismus zwischen Leib und Geist aus:

„Der sünder wirdet aber gerechtfertiget durch die widergeburt, wann er widergeborn wirdet aus dem wasser und dem heiligen geist, nit durch ein leipliche, sunder ein geistliche geburt; wann was aus dem fleisch geborn, das ist fleisch, was aus dem geist geborn wirdet, ist geist; (er) wirdet widergeborn, nit aus dem bluet, nit aus dem willen des fleischs noch aus dem willen des manns, sunder aus got; nit aus einer noturft, sunder aus einer freien wal gots, wann der geist, wo er will, geistet er.“[266]

Meine These zu diesen möglicherweise latent leibfeindlichen Stellen ist, dass sie Staupitz eben doch als einen Augustiner ausweisen – der dies allerdings anders verstanden wissen will als in der klassischen Theologie vor ihm. Ich erkenne bei Staupitz selbst keine leibfeindliche Tendenz, sondern sehe diese Textstellen ebenfalls unter der Perspektive, dass in ihnen die Verkehrtheit der Ausrichtung des Menschen die Grundlage zu diesen Aussagen bildet. So bleibe ich für Staupitz dabei, dass die

---

[265] STAUPITZ, *Libellus*, § 78.

[266] Ebd. § 34.

Zu diesem hier primär als starke Gegenüberstellung zwischen Leib und Geist wahrnehmbaren Textausschnitt auch ein Zitat von WRIEDT, das die Aussage etwas abmildert: „Gerade weil die Verbindung Christi mit dem Christen die fleischliche Realität mit umgreift, ist eine Vermittlung des göttlichen Heilsgeschehens in der Existenz der Christen erfahrbar.“ WRIEDT, *Gnade und Erwählung*, S. 65.

Leiblichkeit oder Sexualität nicht per se sündhaft sei[267]. Auffällig ist vielmehr seine stark brautmystische Sprache[268]. Auch das einzige zeitgenössische Porträt von Staupitz deutet zumindest nicht auf einen Asketen hin[269], sondern eher auf einen Mönch, dessen adelige Herkunft sich in einer gewissen Weise eben auch auf sein Essverhalten ausgewirkt haben könnte (in einer Perspektive, die zu diesem Theologie-Verständnis passen würde: Völlerei lehnt Staupitz mit Sicherheit auch ab (da dort die *amor sui* die Grundlage der Handlung bildet) – aber in einer sehr strenge asketischen Praxis sieht er – so denke ich – keine höhere Wertung des christlichen Lebens begründet). Die Verbundenheit zu seiner adeligen Herkunft drücken auch das selbstgemalte Jagdhorn auf seiner Professurkunde als Benediktiner, sowie auf seinem Grabstein aus[270], da das Jagdhorn Teil des Wappens der Familie von Staupitz ist.

---

[267] Ähnlich auch WRIEDT: „Nicht die Sexualität (contactus corporum) macht die culpa luxuriae aus, sondern die Verkehrung der Ordnung." Ebd. S. 63. Und „Sowohl die zwischenmenschliche Ehe (sanctum matrimonium § 239; vgl. matrimonium inter homines § 53) als auch die urbildliche Verbindung mit Christus (matrimonium cum Christo § 240) werden hier als Bereich ausgegrenzt, in dem die Konkupiszenz, des Affektes der Liebe wegen, keinen Einfluß [sic.] hat." Ebd. S. 86, Anm. 102.

[268] Vgl. Ebd., S. 63, 70 und 210; LEPPIN, *Mystik*, S. 58f.

[269] Es zeigt: Abt Johann von Staupitz (Tempera auf Holz). Das genaues Entstehungsjahr wie auch der Maler sind unbekannt. Wolfgang WANKO schloss in seinem Vortrag auf der Tagung „Staupitz, Luther und Salzburg in den Jahren 1517–1524" eine Autorschaft Cranachs, Dürers oder Hohlbeins eher aus. Stattdessen trug er die These vor, dass das Porträt möglicherweise von Jacopo de' Barbari oder Hans Suess von Kulmach stammt.

[270] Der Grabstein befindet sich in der Marienkapelle der Erzabtei Sankt Peter in Salzburg.

4. Schlusszusammenfassungen

Nun bin ich am Schluss meiner Arbeit angekommen und fasse die Kernaussagen zusammen. Mein Anliegen war es eine systematische Sündenlehre aus dem Textkorpus des *Libellus de exsecutione aeternae praedestinationis* herauszuarbeiten, mit einem Fokus auf die Leiblichkeit. Fast wie ein roter Faden zog sich dabei allerdings auch die Warnung vor einer systematischen Überstrapazierung durch, da Staupitz als seelsorgerlicher Theologe primär keine Systematik im Blick hatte, sondern Trost spenden wollte und Hoffnung vermitteln. Daher habe ich mich auf diese eine nachträglich veröffentlichte Predigtsammlung des Staupitz begrenzt, um das Anliegen einer Systematik überhaupt erreichen zu können. Dennoch bleibt sicherlich eine gewisse methodische Problematik bestehen, die ich aber abschließend als begrenzter einschätze, als in manchen Phasen während meines Arbeitsprozesses – zumal auch WRIEDT für den von mir ausgewählten Textkorpus ein gewisses systematisches Interesse bescheinigt. Soviel zunächst zur Methodik.

Nun zum Inhaltlichen: Meiner Ansicht nach vertritt Staupitz keine Sündenlehre die direkt an den Taten ausgerichtet ist, sondern eine intentionale Sündenlehre. Dies bedeutet, dass, um in Staupitz Sprache zu bleiben, die Liebe im Herzen des Menschen darüber entscheidet, ob eine Handlung zu einer Sünde wird oder nicht. Handelt der Mensch aus der *amor sui*, also aus der Selbstliebe, ist **jede** seiner Handlungen eine Sünde, da sie den Ursprung und das Ziel – nämlich Gott – verfehlt. Hat aber Christus Wohnung im Herzen genommen, sodass es zu einer Lebensgemeinschaft mit ihm kam (*convivium*) und dem Menschen somit die Gnade des barmherzigen Gottes zu Teil wurde, dann gewinnt der Mensch die wahre Freiheit wieder, die in der Gleichförmigkeit des Menschen mit Christus und dessen Leben besteht (*conformitas*). Er hat nicht mehr nur sich selbst im Blick, sondern handelt aus der *amor dei* (der Gottesliebe). Somit hat er das Ziel des menschlichen Lebens im Blick, was auch über das diesseits hinausgeht. Handelt er aus dieser Perspektive, so stellen auch Bedürfnisbefriedigungen des Leibes, die sonst in der neuplatonisch geprägten Theologiegeschichte augustinischer Prägung üblicherweise geringgeschätzt oder gar verachtet wurden, keine Sünde dar. Ein klassisches Beispiel dazu stellt ein aktives Sexualleben dar, was diesem Verständnis nach nicht zwingend sündhaft ist – je nachdem, wie die Grundausrichtung des Menschen ist. Ich halte diese Sichtweise auch für übertragbar auf Essensgewohnheiten – entsprechend würde ein asketisches Leben nicht automatisch einen höheren Status verleihen (und das einzige zeitgenössische Porträt von Staupitz weist ihn auch nicht als einen Asketen dieses strengen Verständnisses aus). Diese These habe ich versucht stark zu machen.

5. Anhang

Schema der Theologie

Johanns von Staupitz

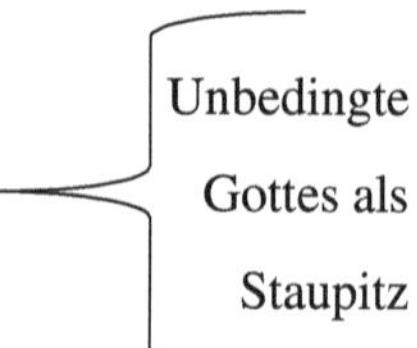

Unbedingte Gottes als Staupitz

Natürliches Sein
(bene esse)

Mensch im paradiesischen Urzustand – ohne Sünde

Ursprung und Ziel der Schöpfung in Gott

Rechtfertigungs-geschehen durch Christi Menschwerdung

→ macht Gnadenstand des Menschen möglich

(Gnade als jene Kraft, die Mensch erhält, um Versuchungen des Teufels zu widerstehen)

Sündenfall:

Hybrides Erkenntnisstreben des Menschen nach Unabhängigkeit von Gott

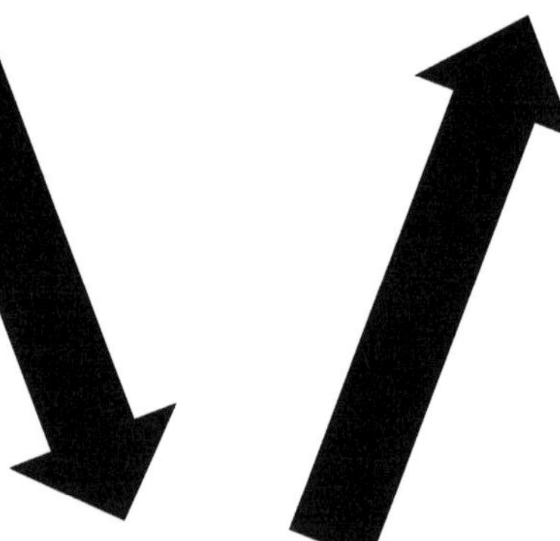

Mensch unter Erbsünde
(esse)

Mensch handelt aus amor sui (Selbstliebe)

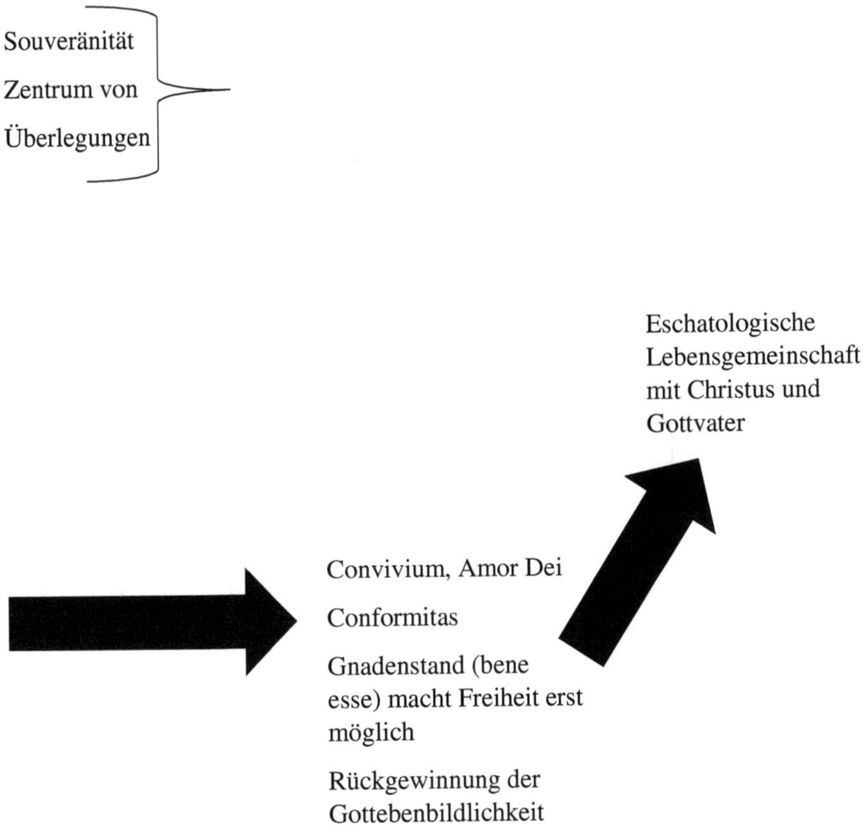

Souveränität

Zentrum von

Überlegungen

Eschatologische
Lebensgemeinschaft
mit Christus und
Gottvater

Convivium, Amor Dei

Conformitas

Gnadenstand (bene
esse) macht Freiheit erst
möglich

Rückgewinnung der
Gottebenbildlichkeit

6. Quellen- und Literaturverzeichnis

6.1. Quellenverzeichnis

CANTERBURY, Anselm von, *Cur deus homo. Warum Gott Mensch geworden. Lateinisch und Deutsch*, Darmstadt 1993^{5}.

STAUPITZ, Johann von, *Libellus de exsecutione aeternae praedestinationis hg. von Lothar Graf zu Dohna und Richard Wetzel mit der Übertragung von Christoph Scheuerl Ein nutzbarliches büchlein von der entlichen volziehung ewiger fürsehung hg. von Lothar Graf zu Dohna und Albrecht Endriss*, Berlin, New York 1979 (Spätmittelalter und Reformation. Texte und Untersuchungen, Bd. 14, Johann von Staupitz. Sämtliche Schriften. Abhandlungen, Predigten, Zeugnisse, Lateinische Schriften II).

Spiegel des Sünders, Augsburg 1482 (Drucker. Johann Schönsperger).

6.2. Literaturverzeichnis

AXT-PISCALAR, Christine, Art. *„Sünde VII. Reformation und Neuzeit"*, in: Gerhard Müller (Hg.), Theologische Realenzyklopädie, Bd. 22, Berlin, New York 2001, S. 400–436.

AXT-PISCALAER, Christine, Art. *„Sünde"*, in: Friedrich Wilhelm Horn, Friederike Nüssel (Hgg.), Taschenlexikon Religion und Theologie, Bd. 3, Göttingen [5]2008, S. 1135–1139.

BELL, Theo M.M.A.C., *Foreword*, in: Franz Posset (Hg.), The Front-Runner of the Catholic Reformation. The Life and Works of Johann von Staupitz, Aldershot, Burlington 2003 (St. Andrews studies in Reformation history), S. XIII–XIV.

BLUM, Daniela, *Der katholische Luther. Begegnungen – Prägungen – Rezeptionen*, Paderborn 2016.

BURGER, Christoph, *Religiosität*, in: Albrecht Beutel (Hg.), Luther Handbuch, Tübingen [2]2010, S. 36–40.

DECOT, Rolf, *Geschichte der Reformation in Deutschland*, Freiburg, Basel, Wien 2015.

DINZELBACHER, Peter, *Mystikerinnen und Mystiker im Mittelalter. Gott erfahren – mit Leib und Seele*, in: Welt und Umwelt der Bibel. Archäologie, Kunst, Geschichte 21, 3 (2016), S. 50–57.

DISCHERL, Erwin, Art. *„Erbsünde"*, in: Wolfgang Beinert, Bertram Stubenrauch (Hgg.), Neues Lexikon der katholischen Dogmatik, Freiburg, Basel, Wien 2012, S. 172–176.

DISCHERL, Erwin, Art. *„Sünde und Schuld"*, in: Wolfgang Beinert, Bertram Stubenrauch (Hgg.), Neues Lexikon der katholischen Dogmatik, Freiburg, Basel, Wien 2012, S. 612–614.

DOHNA, Lothar Graf zu, WETZEL, Richard, *Einführung in die Staupitz-Gesamtausgabe*, in: Lothar Graf zu Dohna, Richard Wetzel (Hgg.), Johann von Staupitz. Libellus de exsecutione aeternae praedestinationis mit der Übertragung von Christoph Scheuerl Ein nutzbarliches büchlein von der entlichen volziehung ewiger fürsehung hg. von Lothar Graf zu Dohna und Albrecht Endriss, (Spätmittelalter und Reformation. Texte und Untersuchungen, Bd. 14, Johann von Staupitz. Sämtliche Schriften. Abhandlungen, Predigten, Zeugnisse, lateinische Schriften II), Berlin, New York 1979, S. 3–21.

DOHNA, Lothar Graf zu, *Staupitz und Luther. Kontinuität und Umbruch in den Anfängen der Reformation*, in: ders. und Reinhold Mokrosch (Hgg.), Werden und Wirkung der Reformation. Ringvorlesung an der Technischen Hochschule Darmstadt im Wintersemester 1983/84 veranstaltet vom Institut für Theologie und Sozialethik und vom Institut für Geschichte. Eine Dokumentation, Darmstadt 1986 (THD Schriftenreihe Wissenschaft und Technik, Bd. 29), S. 95–116.

DZIEWAS, Ralf, *Die Sünde des Menschen und die Sündhaftigkeit sozialer Systeme. Überlegungen zu den Bedingungen und Möglichkeiten theologischer Rede von Sünde aus sozialtheologischer Perspektive*, Münster, Hamburg 1995 (Entwürfe. Schriften des Instituts für Christliche Gesellschaftswissenschaften der Westfälischen Wilhelms-Universität Münster, Bd. 2).

ERNST, Stephan, *Grundlagen theologischer Ethik. Eine Einführung*, München 2009.

GAUSE, Ute, *Durchsetzung neuer Männlichkeit? Ehe und Reformation*, in: Evangelische Theologie 83, 5 (2013), S. 326–338.

GÜNTER, Wolfgang, *Johann von Staupitz (ca. 1468–1524)*, in: Erwin Iserloh (Hg.), Katholische Theologen der Reformationszeit, Münster 1988 (Katholisches Leben und Kirchenreform im Zeitalter der Glaubensspaltung, Bd. 48), S. 11–31.

HAMM, Berndt, *Johann von Staupitz (ca. 1468–1524) – spätmittelalterlicher Reformer und ‚Vater' der Reformation*, in: Archiv für Reformationsgeschichte 92 (2001), S. 6–42.

HAMM, Berndt, Art. *„Johannes von Staupitz"*, in: Hans Dieter Betz, Don S. Browning, Bernd Janowski, Eberhard Jüngel (Hgg.), Religion in Geschichte und Gegenwart. Handwörterbuch für Theologie und Religionswissenschaft, Bd. 4, Tübingen [4]2001, Sp. 538–539.

HAMM, Berndt, Art. *„Staupitz"*, in: Gerhard Müller (Hgg.), Theologische Realenzyklopädie, Bd. XXXII, Berlin, New York 2001, S. 119–127.

HAMM, Berndt, *Wollen und Nicht-Können als Thema der spätmittelalterlichen Bußseelsorge*, in: ders., Thomas Lentes (Hgg.), Spätmittelalterliche Frömmigkeit zwischen Ideal und Praxis, Tübingen 2001 (Spätmittelalter und Reformation, Neue Reihe 15), S. 111–146.

HAMM, Berndt, *Der frühe Luther. Etappen reformatorischer Neuorientierung*, Tübingen 2010.

HAMM, Berndt, *Religiosität im späten Mittelalter. Spannungspole, Neuaufbrüche, Normierungen*, Tübingen 2011 (Spätmittelalter, Humanismus, Reformation. Studies in the Late Middle Ages, Humanism and the Reformation, Bd. 54).

HEIM, Manfred, *Kleines Lexikon der Kirchengeschichte*, München 1998.

HOPING, Helmut, Art. *„Erbsünde. Historisch-theologisch"*, in: Walter Kasper, Konrad Baumgartner, Horst Bürkle, Klaus Ganzer, Karl Kertelge, Wilhelm Korff, Peter Walter (Hgg.), Lexikon für Theologie und Kirche, Bd. 3, Freiburg, Basel, Rom, Wien [3]1995, Sp. 744–746.

HOPING, Helmut, Art. *„Erbsünde"*, in: Klaus Ganzer, Bruno Steimer (Hgg.), Lexikon der Reformationszeit, Freiburg, Basel, Wien 2002, Sp. 225–226.

KAUFMANN, Thomas, *Die Sinn- und Leiblichkeit der Heilsaneignung im späten Mittelalter und in der Reformation*, in: Johanna Haberer, Berndt Hamm (Hgg.), Medialität, Unmittelbarkeit, Präsenz. Die Nähe des Heils im Verständnis der Reformation, Tübingen 2012, S. 11–43.

KLEFFMANN, Tom, *Die Erbsündenlehre in sprachtheologischem Horizont. Eine Interpretation Augustins, Luthers und Hamanns*, Tübingen 1994 (Beiträge zur historischen Theologie, Bd. 86).

KOLDE, Theodor, *Die deutsche Augustiner-Congregation und Johann von Staupitz. Ein Beitrag zur Ordens- und Reformationsgeschichte nach meistens ungedruckten Quellen*, Gotha 1879.

KRÖTKE, Wolf, Art. *„Sünde/Schuld und Vergebung. Begrifflichkeit"*, in: Hans Dieter Betz, Don S. Browning, Bernd Janowski, Eberhard Jüngel (Hgg.), Religion in Geschichte und Gegenwart. Handwörterbuch für Theologie und Religionswissenschaft, Bd. 7, Tübingen [4]2004, Sp. 1867–1868.

LEPPIN, Volker, *Aristotelisierung, Immediatisierung und Radikalisierung. Transformationen der Sündenlehre von Thomas von Aquin bis Martin Luther*, in: Wilfried Härle, Reiner Preul (Hgg.), Sünde, Leipzig 2008 (Marburger Theologische Studien 105; Marburger Jahrbuch Theologie 20), S. 45–73.

LEPPIN, Volker, *Thomas von Aquin*, Münster 2009 (Zugänge zum Denken des Mittelalters, Bd. 5).

LEPPIN, Volker, *Martin Luther*, Darmstadt ^{2}2010 (Gestalten des Mittelalters und der Renaissance).

LEPPIN, Volker, *5. Mystik*, in: Albrecht Beutel (Hg.), Luther Handbuch, Tübingen ^{2}2010, S. 57–61.

LEPPIN, Volker, *Madensack und Tempel des Heiligen Geistes. Leiblichkeit bei Martin Luther*, in: Bernd Janowski, Christoph Schwöbel (Hgg.), Dimensionen der Leiblichkeit. Theologische Zugänge, Neukirchen-Vluyn 2015 (Theologie Interdisziplinär, Bd. 16), S. 86–97.

LEPPIN, Volker, *Die fremde Reformation. Luthers mystische Wurzeln*, München 2016.

MOELLER, Bernd, *Spätmittelalter*, Göttingen 1966 (Die Kirche in ihrer Geschichte. Ein Handbuch, Bd. 2, Lieferung H, 1. Teil).

NEUNER, Peter, Art. *„Sünde (katholisch)"*, in: Bertram Stubenrauch, Andrej Lorgus (Hgg.), Handwörterbuch zur theologischen Anthropologie. Römisch-katholisch / Russisch-orthodox. Eine Gegenüberstellung, Freiburg, Basel, Wien 2012, S. 521–526.

ORTH, Stefan, *Theologinnen und Theologen diskutieren über Körper, Leiblichkeit und Inkarnation. Angelpunkt des Heils*, in: Herder Korrespondenz 70, 11 (2016), S. 43–46.

POSSET, Franz, *The Front-Runner of the Catholic Reformation. The Life and Works of Johann von Staupitz*, Aldershot, Burlington 2003 (St. Andrews studies in Reformation history).

RAHNER, Johanna, *Einheit und Vielfalt als Folge der Reformation und ekklesiologisches Problem*, in: Günter Frank, Volker Leppin, Herman J. Selderhuis (Hgg.), Wem gehört die Reformation? Nationale und konfessionelle Dispostionen der Reformationsdeutung, Freiburg, Basel, Wien 2013, S. 182–203.

REUDENBACH, Bruno, *Gestörte Ordnung – deformierte Körper. Beobachtungen des Sündenfalls an mittelalterlichen Darstellungen des Sündenfalls*, in: Steffen Patzold, Anja Rathmann-Lutz, Volker Scior (Hgg.), Geschichtsvorstellungen. Bilder, Texte und Begriffe aus dem Mittelalter (FS Hans-Werner Goetz), Wien, Köln, Weimar 2012, S. 354–371.

SATTLER, Dorothea, Art. *„Taufe"*, in: Wolfgang Beinert, Bertram Stubenrauch (Hgg.), Neues Lexikon der katholischen Dogmatik, Freiburg, Basel, Wien 2012, S. 620–624.

SCHNEIDER, Hans, *Contentio Staupitii. Der ‚Staupitz-Streit' in der Observanz der deutschen Augustinereremiten 1507–1512*, in: Zeitschrift für Kirchengeschichte 118, 1 (2007, Vierte Folge LVI), S. 1–44.

SCHNEIDER-FLUME, Gunda, Art. *„Sünde. Dogmatisch"*, in: Erwin Fahlbusch, Jan Milič Lochman, John Mbiti, Jaroslav Pelikan, Lukas Vischer (Hgg.), Evangelisches Kirchenlexikon. Internationale theologische Enzyklopädie, Bd. 4, Göttingen ³1996, Sp. 567–573.

SCHOCKENHOFF, Eberhard, Art. *„Konkupiszenz"*, in: Walter Kasper, Konrad Baumgartner, Horst Bürkle, Klaus Ganzer, Karl Kertelge, Wilhelm Korff, Peter Walter (Hgg.), Lexikon für Theologie und Kirche, Bd. 6, Freiburg, Basel, Rom, Wien ³1997, Sp. 271–274.

SCHOCKENHOFF, Eberhard, Art. *„Erbsünde"*, in: Klaus Ganzer, Bruno Steimer (Hgg.), Lexikon der Reformationszeit, Freiburg, Basel, Wien 2002, Sp. 225–226.

SCHWARZ, Reinhard, *Luther*, Göttingen 1986 (Die Kirche in ihrer Geschichte. Ein Handbuch, Bd. 3, Lieferung I).

STEGMANN, Andreas, *Luthers Auffassung vom christlichen Leben*, Tübingen 2014.

STEINMETZ, David Curtis, *Misericordia Dei. The Theology of Johannes von Staupitz in its late medieval setting*, Leiden 1968 (Studies in Medieval and Reformation Thought, Vol. IV.).

STEINMETZ, David Curtis, *Luther and Staupitz. An Essay in the Intellectual Origins of the Protestant Reformation*, Durham 1980 (Dukes monographs in medieval and Renaissance studies, Bd. 4).

STEINMETZ, David Curtis, *Reformers in the Wings. From Geyler von Kaysersberg to Theodore* Beza, Oxford ^{2}2001.

THURNER, Martin, Art. *„Leib / Fleisch / Körper (katholisch)"*, in: Bertram Stubenrauch, Andrej Lorgus (Hgg.), Handwörterbuch zur theologischen Anthropologie. Römisch-katholisch / Russisch-orthodox. Eine Gegenüberstellung, Freiburg, Basel, Wien 2012, S. 397–400.

VORGRIMLER, Herbert, Art. *„Erbsünde"*, in: ders. (Hg.), Neues Theologisches Wörterbuch, Freiburg, Basel, Wien 2000, S. 157–159.

VORGRIMLER, Herbert, Art. *„Neuplatonismus"*, in: ders. (Hg.), Neues Theologisches Wörterbuch, Freiburg, Basel, Wien 2000, S. 451–452.

VORGRIMLER, Herbert, Art. *„Platonismus"*, in: ders. (Hg.), Neues Theologisches Wörterbuch, Freiburg, Basel, Wien 2000, S. 496–497.

VORGRIMLER, Herbert, Art. *„Reliquien"*, in: ders. (Hg.), Neues Theologisches Wörterbuch, Freiburg, Basel, Wien 2000, S. 537.

VORGRIMLER, Herbert, Art. *„Scholastik"*, in: ders. (Hg.), Neues Theologisches Wörterbuch, Freiburg, Basel, Wien 2000, S. 553–555.

VORGRIMLER, HERBERT, Art. *„Sünde"*, in: ders. (Hg.), Neues Theologisches Wörterbuch, Freiburg, Basel, Wien 2000, S. 598–600.

WALTER, Peter, Art. *„Humanismus"*, in: Klaus Ganzer, Bruno Steimer (Hgg.), Lexikon der Reformationszeit, Freiburg, Basel, Wien 2002, Sp. 354–360.

WALTER, Tilmann, *Unkeuschheit und Werk der Liebe. Diskurse über Sexualität am Beginn der Neuzeit in Deutschland*, Berlin, New York 1998 (Studia Linguistica Germanica, Bd. 48).

WEIß, Dieter J., *Katholische Reform und Gegenreformation*, Darmstadt 2005.

WENZ, Gunther, *Sünde. Hamartiologische Fallstudien*, Göttingen 2013.

WETZEL, Richard, *Staupitz und Luther. Annäherung an eine Vorläufer-Figur*, in: Blätter für pfälzische Kirchengeschichte und religiöse Volkskunde 58 (1991), S. 369(41)–395(67).

WRIEDT, Markus, *Gnade und Erwählung. Eine Untersuchung zu Johann von Staupitz und Martin Luther*, Mainz 1991 (Veröffentlichungen des Instituts für Europäische Geschichte Mainz, Bd. 141: Abteilung Religionsgeschichte).

WRIEDT, Markus, *Seelsorgerliche Theologie am Vorabend der Reformation. Johann von Staupitz als Fastenprediger in Nürnberg*, in: Zeitschrift für bayerische Kirchengeschichte 63 (1994), S. 1–12.

WRIEDT, Markus, Art. *„Staupitz"*, in: Walter Kasper, Konrad Baumgartner, Horst Bürkle, Klaus Ganzer, Karl Kertlege, Wilhelm Korff, Peter Walter (Hgg.), Lexikon für Theologie und Kirche, Bd. 9, Freiburg, Basel, Rom, Wien [3]2000, Sp. 940–941.

WRIEDT, Markus, Art. *„Staupitz"*, in: Klaus Ganzer, Bruno Steimer (Hgg.), Lexikon der Reformationszeit, Freiburg 2002, Sp. 722–724.

Printed by Books on Demand GmbH, Norderstedt / Germany